Inhalt

Kurzbiographie zu meiner Person

Als ältester Sohn wuchs ich seit Juni 1953 in einem gut behüteten Elternhaus auf. Nach Beendigung der neunjährigen Schulzeit begann ich eine Lehre als Büromaschinenmechaniker (damals ein aktueller Beruf im Zeitalter der Revolution der Bürotechnik mit angeblich viel Zukunft). 1976 zog ich nach Bielefeld zur Meisterschule. Ende 1977 war ich Meister, Ehemann, Vater und dabei Chef zu werden. 1978 war ich Chef eines Bürofachgeschäftes und bin das heute auch noch. 1984 kam der zweite Sohn. Nach den Jahren des Aufbaus und des Existenzkampfes folgten Lehrgänge im Qualitätsmanagement, der Betriebswirt im Handwerk, Fachseminare in Führung, Ergonomie, Psychologie und Gesundheitswesen. Diese Weiterbildungen waren prägend und gut. Allein aus der Position von vor 20 Jahren wäre ich ohne Weiterbildungen nicht glücklich und zufrieden und wüsste nicht, wie diese Welt tickt. Heute, gelassener möchte ich Tipps an die weitergeben, die auch auf dem Weg ihrer Veränderung sind.

Detlef Springob

Vorwort

Das kleine Buch handelt von „Männern auf dem Pfad" und ihr teilweise seltsames und zurückhaltendes, oft schüchternes Verhalten, am normalen Leben richtig und mit allen Sinnen teilzunehmen, wie ein richtiger Pfadfinder. Sie sind immer auf der Suche, auf den Spuren, um etwas neues Interessantes und Wertvolles zu entdecken. Diese Lektüre soll Männern helfen, die auf der Suche nach sich selbst und ihrem Glück sind.
Jeder definiert das Wort Glück ein wenig anders und jeder hat auch eine andere Vorstellung vom Glück in seinem Leben, doch lassen wir die wechselbare Definition vom Glück erst einmal so stehen. Es geht darum, sich selbst zu entdecken, lockerer und reifer zu werden, sich selbst zu erfahren, um sich mit anderen austauschen zu können. Hier gibt es natürlich keine Berufs- oder Standesunterschiede, denn suchende Männer gibt ‚s auf dem Bau genauso wie in Firmen oder auch an Hochschulen. Männer sollen neue Erfahrungen zulassen und wie ein Pfadfinder sein, der Unbekanntes nicht von vornherein ablehnt, sondern es zu entdecken versucht. Viele junge aber auch älter gewordene Männer werden sich in diesem Buch, in diesen Meinungen wiederfinden, ja ich glaube sogar, dass es auch für viele Männer, die eine längere Reise des Zusammenseins in Form einer Ehe oder Partnerschaft hinter sich haben, genau so wertvoll sein kann. Da ein Pfadfinder meistens ein junger Mensch ist, ist der heutige „Single-Mann" ebenso ein wichtiger Ansprechpartner für mich. Viel Spaß beim Lesen oder später auch beim Verschenken dieses Buches.
Die Bewegung der urtümlichen Pfadfinder gab es, um werdenden Männern in ihrer sozialen und männlichen Entwicklung zu helfen, damit gerade sie lernen, in der Gesellschaft Verantwortung und Geradlinigkeit zu übernehmen und zur Stabilisierung ihres eigenen, noch zu prägenden Charakters selbst etwas beitragen zu können. Nur so, finde ich, kann sich ein Männer leben mit viel Lebendigkeit, Mut, einer eigenen Struktur und späteren Lebensdynamik mit viel Energie entwickeln!

Die neue Männlichkeit

Eine kompakte Lektüre eines auch „Betroffenen Beobachters" über (un-) mögliche Entwicklungen und Veränderungen der modernen „Männer" und deren Schwierigkeiten bei der Durchführung.

Dies Buch bitte ich als Anregung und Unterstützung aber auch als Zusatznutzen zu verstehen, damit einem Teil der Männer ihr Verhalten und ihre Einstellung zumindest bewusst werden, um dann Schritte zur Veränderung einleiten zu können. Es ist ein Impulsgeber, um sich über andere Vorgehensweisen mal Gedanken zu machen. Bildlich gesprochen meine ich damit, sich in einen Fluss zu begeben, der aber schon fließt. Begebe Dich in die Wellen eines teilweise unbekannten Flusses, spüre dabei aber deutlich, wann es für Dich an der Zeit ist, an Land zu gehen; wie die Pfadfinder sagen, sich auf einen Pfad zu begeben, der Dich irgendwo hinführt, ohne dass Du vorher genau weißt, wo Du ankommst.
Mit dem Ergebnis, wenn „Mann" versucht hat etwas zu bewegen, zu spüren, dass die Veränderungen, die er jetzt als Mann persönlich erleben darf, ihm besonders gut tun und sein Leben bereichern und beglücken. Lass Dich davon inspirieren und Dich einfach anders und bewusster im Leben stehen.
Mir selbst ist es in den letzten 20 Jahren oft so gegangen, dass ich an mir gezweifelt habe, ob ich mit meinem Verhalten und meiner Einstellung im Umgang mit Menschen immer richtig lag. Bei vielen Gelegenheiten, sei es im Gespräch mit Menschen, die ich auf Seminaren und Weiterbildungen getroffen habe oder auch bei vielen Gesprächen mit Kunden, hat mir das eindeutig klargemacht, dass meine Vorstellung, die wichtigen Dinge meines Lebens zu sehen, nicht immer gut und für den Moment passend gewählt waren. Durch verschiedenartige Schulungen der Berufspädagogik, Trainer für Gesundheit, Ergonomie, Psychologie, Körperarbeit, Vater von zwei Söhnen und natürlich auch durch meinen Job bekam ich ein anderes Bewusstsein, eine immer offenere Einstellung zu vielen Mustern, Thesen und Verhaltensweisen. Meine persönliche Erkenntnis, dass ganz viele Männer an ihrem Verhalten und ihrer „Denke" dringend noch etwas ändern könnten und auch wollen, kam immer stärker durch. Das war der Beweggrund für mich, diese Sammlung an mir vorliegenden Informationen in Verbindung mit meinem eigenen Wissen und Ideen in einfacher Form und auch mit einfachen Worten und Begriffen für alle verschieden denkenden Männertypen aufzuschreiben.

Ich möchte an dieser Stelle Männer nicht in pauschale feste Typenklassen unterteilen, wobei Männercharaktere und Eigenschaften immer etwas damit zu tun haben, was jeder als Anlage auf diese Welt mitbringt, wo und was er im Laufe seines Lebens dazulernt und, ganz wichtig, welche Einstellungen und Verhaltens formen die eigenen Eltern uns mit auf die Reise gegeben haben. Letztendlich hat das Verhalten eines Menschen auch etwas mit Astrologie zu tun.
Das sei dadurch begründet, dass viele Menschen, die unter einem ähnlichen Sternzeichen geboren worden sind, viele gleiche Verhaltensparallelen haben. Eine anerkannte Unterscheidungsmethode ist hier noch beachtenswert.
Das Enneagramm unterscheidet neun verschiedene Persönlichkeitsmuster und beschreibt ihre Beziehungen zueinander sehr treffend. Der Name stammt aus dem Griechischen; ennea ist das griechische Wort für „neun" und gramma bedeutet „Modell". Nach dem Enneagramm hat jedes Persönlichkeitsmuster eine bestimmte Weltsicht und betrachtet die Welt durch einen entsprechenden Filter. Davon ausgehend wird es möglich zu erklären, warum Menschen sich auf eine bestimmte Weise so und nicht anders verhalten. Damit trägt das Enneagramm zum Verständnis für andere bei. Wenn jemand die Typologie des Engrammes beschreibt, wie sich die Grundmuster in positiven wie negativen Situationen verändern, zeigt es zugleich sehr interessante Möglichkeiten zur persönlichen Weiterentwicklung.
Auch in diesen Veränderungsprozessen - von alltäglichen Abläufen bis hin zu spiritueller Verwandlung - ist das Enneagramm hilfreich. Das Enneagramm zeigt innere Wege der Reifung und Verwandlung auf. Probleme und Konflikte - im Privaten wie bei der Arbeit - resultieren häufig aus Schlussfolgerungen vom eigenen auf fremdes Wahrnehmen. Oft fehlt uns auch leider das Verständnis für das Handeln anderer Menschen. Das Enneagramm trägt dazu bei, die Dynamik zwischen Menschen verschiedenen Musters zu verstehen und damit zwischenmenschliche Probleme zu lösen.
Dank dieser Möglichkeit findet das Enneagramm zunehmend Verwendung in der humanistischen Psychologie. Jeder Mensch passt in diese Welt, so wie er ist. Auch dieser Leitsatz ist als Resümee aus den Lehren des Engrammes zu ziehen. Aber wenige wissen das! Ich wünsche Ihnen beim Lesen viel Spaß. Verzeihen Sie mir bitte schon im Voraus, wenn einige Seiten mit einer etwas deftigen, fast destruktiven Ausdrucksweise geschrieben sind. Ich finde jedoch,

dass man schon mal wie wir heute sagen: „Krass" sein darf, um Problemzonen zu erwähnen oder sie versuchen auf den „Punkt" zu bringen. Vergleichen Sie die Thesen mit Ihrem eigenen Leben und Denkansätzen, Ihren eigenen Visionen und Wünschen und machen Sie sich einfach ein paar Gedanken. Wenn Sie dann spüren, dass dieses auch Ihr Thema ist und Sie glauben, dort etwas bewegen und verändern zu können, dann kommen Sie mit! Der Weg ist bekanntlich das Ziel!!
Ich bitte auch um Verständnis, dass ich manchmal die „Du"-Form wähle, aber ich glaube dass die wichtigen Dinge besser in dieser Form gesehen und verstanden werden.

Visionen und
Wünsche
und machen SIE- sich einfach
ein paar Gedanken

Warum überhaupt eine Veränderung?

Jetzt kommen zunächst ein paar Zukunftsgedanken
aus der Sammlung Whole Earth Review und dazu (eine) Geschichte.
Bevor ich zu den (werdenden) oder auch zu den älteren Männern im Hier und Jetzt komme, eine kleine Erklärung. Wenn Du Whole Earth Review nicht kennst, ist das nicht schlimm, ich selbst bin ein paar Mal im Internet über den Ideenpool der irgendwann einmal in Kalifornien für die Entwicklung von Software und dem angeblichen „Cyberspace" erfunden worden ist, gestolpert.

Das ist eine große Sammlung von intelligenten medialen Werkzeugen wie Informationen, Ideen und Texten für neue, noch entstehende Technologien und Verhaltensweisen der Zukunft und zur Schaffung neuer Formen von Gemeinschaften, Gruppen und anderen zukünftigen Lebensweisen. Wenn man will kann man dies als ein Brainstorming über Artikel, Wahrheiten, noch zu entwickelnde Dinge für die Zukunft nennen. Das Thema dreht sich um die Verbreitung von Thesen und Meinungen durch aktive Computersimulationen und verschiedene Programme. So oder ähnlich denkt auch ein deutscher Medienforscher über diese „Entwicklung" nach.
Das ist für das Verständnis der nächsten Seiten nicht unbedingt von Bedeutung. Mir geht es dabei unter anderem um die soziale und strukturelle Veränderung der Gesellschaft durch neue, schnelle und unaufhaltsam auf uns zu kommende virtuelle Welten, also letztlich auch um das Verhalten der „Männer" in dieser Gesellschaft. Denn die müssen mit diesen neuen Dingen fertig werden. Auch der Bereich der Unterhaltungsspiele am PC in Verbindung mit dem „Neuen Fernsehen" steht im öffentlichen Bewusstsein ja gerade erst am Anfang. Die Welle der elektronischen Möglichkeiten und Varianten wird in schier alle Bereiche unseres Lebens eingreifen und selbst den letzten traditionellen Radiowecker in seinen fundamentalen Eigenschaften umkrempeln. In den letzten Jahren war die Qualität der Darstellung, sprich der Bildaufbau und die Rechner spezifische Leistung und Aufbereitung der Informationen zu schlecht. Die Bedienung war zu kompliziert. Durch neue digitale Techniken wie HDTV, Blu-Ray und WII, nur als Beispiel, rücken die verführerischen Visionen und Bilder in unglaublichen Dimensionen viel näher in unsere Wohn- und Lebensräume und somit sacken sie auch unwillkürlich in unseren Geist. Sie werden, ob wir es wollen oder nicht, eine wie ich finde, umfangreiche Veränderung unseres Denkens und Handelns mit sich bringen. Die bald anstehende

Simulation von „neuer Wirklichkeit", das Darstellen „neuer Realitäten und Werte", werden unsere Umwelt, unsere soziale und ethische Verhaltensform und Denkweise anderen Menschen gegenüber, verändern. Auch alle täglichen strukturierten Arbeitsabläufe werden sich noch grundlegender, als es bis jetzt der Fall ist, verändern. Ich möchte das nicht als etwas Negatives herausstellen, ganz im Gegenteil. Eine Weiterentwicklung in technischer Hinsicht, ist oft eine positive und unterstützende Einrichtung.
Angst habe ich persönlich nur davor, dass die Flut und die Aufbereitung der Informationen so schnell auf uns einprasseln wird, dass wir es sehr schwer haben werden, die herannahenden Informationswellen zu verstehen, sie zu akzeptieren und innerlich zu bejahen, oder ihr falls es nötig ist noch widerstehen zu können. Es dürfte uns jedenfalls schwer fallen, Unterscheidungen zu treffen, ob sich das eine oder andere was sich als „gut" darstellt oder dargestellt wird, auch positiv auf unser Leben auswirken wird. Bildlich gesprochen müssen wir sehr schnell lernen, in den Fluss der Informationen in einem für uns passenden Moment hineinzuspringen, einen persönlichen Nutzen daraus zu ziehen, ohne Angst haben zu müssen darin zu ertrinken. Wir müssen, was ich für sehr wichtig halte, dabei sehr reaktionsschnell sein oder auch lernen, ein Gespür, ein Gefühl dafür zu bekommen, wann wir wieder an Land gehen müssen, um uns auf uns selbst und unsere eigenen, wichtigen Aufgaben des Lebens zu konzentrieren, ohne von der verführerischen Art der Informationsdarstellung verschluckt und vergattert zu werden. Das haben in der Vergangenheit schon viele Männer nicht gut und spontan gekonnt. Wie sollen Sie es heute schaffen, wenn alles um Sie herum noch schneller und anders wird? Ich hoffe, dass wir mit diesem Lernprozess der maßlosen Überfrachtung von Informationen umgehen können und dies in den nächsten Jahren schon an unseren Grundschulen beigebracht bekommen.
Was für den einzelnen Menschen noch nötig, richtig und wichtig ist, muss in Zukunft wohl noch mehr als heute, jeder selbst sehen und für sich persönlich allein entscheiden. Pauschale und gesellschaftlich vorgegebene Regelungen und Verhaltensnormen werden sich in Zukunft überall in unseren Regionen angleichen und dann allgemein von jeder Stelle gefordert werden. Das macht Angst. Denn es muss bewältigt und bejahend von allen gelebt werden. Es wird in den nächsten Jahren intensiv an einer veränderten Struktur, was menschliches Verhalten, Werteakzeptanz und ethische Grundlagen angeht, gearbeitet

werden müssen. Jedoch hat der virtuelle Traum von gewaltigen Science-Fiction Werken und Visionen, die eine Veränderung der Gesellschaft und ihre Umgangsformen mit weitgehend unbekanntem Ausmaß bringen wird, schon begonnen. Und durch neue Technologien wird er so rasend schnell vollzogen, dass viele Menschen in Zukunft Angst haben werden, mal für sechs Wochen im Urlaub oder in einer Kur zu sein, weil sie in der Zeit viel verpassen könnten. Ob der Wandel konstruktiv, kreativ und belebend für uns „Kerle" ausgeht, werden wir sehen. Ich möchte nur, dass sie daran aktiv mitarbeiten. Ich will und kann auch nicht uns Männer als eine Größe dahinstellen. Es gibt solche und solche Kerle. Aber egal was neu kommt, egal wie schnell das alles auf uns zukommt, es wird uns „Männer" in jedem Fall extrem betreffen.

Informationsdarstellung

Nun erst einmal die versprochene Geschichte der „angeblichen kleinen Dinge“: (nur für Männer)

„Die Marketingabteilung eines Herstellers von Kondomen sitzt zum wiederholten Mal beim Brainstorming zusammen. Thema der heutigen Runde: „Warum werden Kondome überwiegend nur in einer Größe verkauft? Obwohl eine dreifache Größeneinteilung richtig wäre, klein - mittel - groß".
Der erste ernsthafte Einwand eines Mitarbeiters: „Solange ein Mann nur ein bisschen Selbstachtung in sich hat, wird er nie in eine Apotheke gehen und nach kleinen Kondomen fragen". Alle schauten sich betroffen, nachdenklich und zustimmend an. In jedem der Mitarbeiter denkt es still vor sich hin „Wir sollten zu kleinen Kondomen groß oder wuchtig sagen", schlägt jemand aus der Runde vor. „Dann wäre doch alles viel einfacher". Ein anderer wirft ein: „Oh ja, das finde ich gut und zu den mittleren Größen sagen wir riesig". Zwei Minuten herrscht Schweigen in der Runde. Dann unterbricht jemand die Stille und meint laut: „Und zu den großen sagen wir: „Oh mein Gott".
Die meisten erfahrenen Männer wissen, dass ein paar Zentimeter mehr oder weniger Manneskraft nicht glücks- oder beziehungsentscheidend sind. Der wichtigste Aspekt ist, wenn man wissenschaftlichen und spirituellen Erkenntnissen glauben kann, ob Energie zwischen beiden Partnern gespürt wird, ob sie zum fließen kommt!
Wenn da etwas Kribbelndes, Lebendiges zwischen den Partnern ist und beide werfen ihre Begrenzungen über Bord, hat das, was dann passiert etwas mit „Erfüllung" zu tun. Viele Experten, die es wissen müssen, die sich mit dem Austausch von Gefühlen, dem Punkt der Erleuchtung, der Liebe und dem Sex auskennen, haben einstimmig eine Meinung; „Du kannst nach der Lehre des Kamasutra rauf und runter vögeln und hast „ES" vielleicht immer noch nicht gefunden." Das „ES" ist ein Ergebnis, ein Gefühl der eigenen Zufriedenheit, der Geborgenheit, des Los- oder des Einlassens, aber auch des Wiederentdeckens, oder sogar der freie Lauf kribbelnder Lust und Erotik! Richtig gelebt bildet das im Laufe der Zeit einen zentralen Kern, ein Gefühl, eine innerliche Zufriedenheit, alles gelebt und nichts versäumt zu haben.
Wie „Mann" dort hinkommt, ist in unendlich vielen Büchern zu lesen und in vielen Seminaren angeblich zu erfahren. Generell kann man aber sagen, dass es sich auf jeden Fall und für jeden persönlich lohnt, sich mit diesen Themen zu beschäftigen.
Es geht darum, Dich selbst zu spüren und Deine Reaktionen wahrzunehmen. Auch ist es hilfreich, Deine eigene Energie, Deine eigenen Gefühle und Dein

Körperverhalten zu erkennen und für Dich zu nutzen.
Wenn Du zu Dir und Deinem Körper eine positive Beziehung aufgebaut hast, kannst Du auch andere verstehen und zu ihnen eine Beziehung aufbauen, sie in Liebe annehmen. Du musst Dich einfach mal trauen! Das ist der Weg. Es kann auch Dein Weg sein. Du musst ihn nur gehen!
Vielen Männern scheint das Thema mit der unterschiedlichen Größe und der damit im Kopf verbundenen starren Meinung und inneren Angst und Unruhe: „Der andere könnte besser sein", nicht und nie aus dem Kopf zu gehen.
Wettbewerbsdenken verbunden mit einer ständigen inneren Unruhe und auch Unzufriedenheit ist eines der größten Unglücke im Leben vieler Männer. Wir wollen uns nun weiter mit dem Thema: Die neue Männlichkeit beschäftigen.
Diese nächsten Seiten sollen keine Aufzählung vieler in uns allen abgelegter Gedankenstrukturen und Zustände sein, sondern kritische Hinweise über das eigene Leben, das jedem Mann die Kraft geben kann, sich als „Mann" zu fühlen. Das heißt auch mal energisch zu verschiedenen Problemen, die uns das Leben vor die Füße wirft, konsequent „Ja oder Nein" sagen zu müssen. Endlich anzufangen diesen selbst immer wieder wahrgenommenen, innerlich unbefriedigenden zweifelnden Zustand, den man(n) nicht leicht anderen gestehen würde, jetzt und gleich verändern zu wollen!
Diese eigenen Gedanken, diese eigene Unruhe, die uns gefühlsmäßig manchmal ja sagen lassen, aber im gleichen Augenblick rationell zweifeln lassen. Wir Männer müssen uns nur an uns heran trauen! Wir müssen nur zu uns stehen. Die Selbstanerkennung unseres Charakters und ein kleiner Funken Selbstliebe ist der Grundstein der Veränderung! Dann fühlen wir uns auch gut und können uns dem Leben leicht und unbeschwerter stellen.

Habe ich einen persönlichen Nutzen? Mache diese Übung.

Übung

Als Leser nimm Dir etwas Zeit, in dem Du über den Text und über Dich selbst, Dein eigenes Leben und Deine eigene Vorgehensweise, wie Du im Leben stehst, in Ruhe nachdenkst. Vielleicht notierst Du dir auch Stichpunkte, wo Du dich selbst erkennst oder wo Dir Parallelen zu Deinem Leben auffallen. Am optimalsten ist, Du fängst jetzt an, Dir eine Tabelle mit Deinen eigenen Schwerpunkten und Randbemerkungen zu machen. Die schaust Du Dir Punkt für Punkt immer wieder an und ergänzt sie ständig! Fertige eine Tabellenkalkulation mit oder ohne PC an, die Du ständig erweitern kannst, ganz nach Deinen eigenen Ideen. Es sollen immer neue Impulse, Aspekte und Wertungen hinzukommen. Wenn Du kannst, meditiere erst darüber, bevor Du etwas Neues in die Tabelle einträgst. Das Meditieren muss nicht in einem Yoga Studio stattfinden. Du kannst auch zu Hause auf einem Küchen- oder Bürostuhl oder besser im Freien auf einer einsamen Bank im Park sitzen. Alles ist möglich. „Für Dich sein", Deine eigenen Gedanken finden und festigen ist das wichtige Thema. Der erste Grund, weshalb wir mit der Meditation beginnen möchten, ist vielleicht vorerst nur der, um in unserem schnellen und stressigen Leben zur innerlichen Ruhe zu finden. Wir erleben unseren Geist sehr oft als aufgewühlt und unruhig.

Durch Meditation kann man lernen, mit seinem Geist in Kontakt zu treten und auch Ruhe und Klarheit zu entdecken. So lernen wir unseren Geist für uns als Begleiter und Freund zu nutzen, anstatt dass wir uns unserem Geist und seinen wirren Gedanken ständig ohnmächtig ausgeliefert fühlen.

Innerlich zur Ruhe kommen. Gefühle und Wünsche überhaupt klar erkennen und zu akzeptieren, dass sie da sind! Das ist eine gute Voraussetzung etwas anzustoßen, was Du selbst an Dir und Deinem Verhalten oder an Deiner Einstellung zu Dir und Deinem Leben ändern möchtest. Oft entsteht dabei eine neue Richtung. Zur Meditation später noch mehr.

Viele verstellen sich teilweise, auch die gestandenen Männer. Viele tun sehr oft so, als wären sie glücklich und alles um sie herum sei völlig in Ordnung. Sie halten diese Fassade, diese Scheinwelt aufrecht. Sie tun alles Mögliche, um diese Rolle des Glücklichen und zufriedenen Menschen glaubwürdig zu spielen. In ihren Beziehungen, verstärkt aber bei Bekannten, Verwandten und Freunden, im Sport und vor allem bei der Arbeit wird dies oft sehr deutlich. Viele Männer glauben an den Trugschluss, dass es eines guten Tages eine

plötzliche Veränderung (eine Art Urknall) gibt, und ab da wird für sie alles besser und leichter. „Man(n)" lebt und träumt nach dem Motto: „ich mache das alles nur, damit ich eines Tages endlich genau das tun kann, was ich in meinem Leben immer schon tun wollte, aber noch nie Zeit dafür gefunden oder mir genommen habe"! Leider tritt dieser Zeitpunkt nie ein! Machen wir doch mal eine kleine Analyse.
Seit dem es Menschen gibt, warten Männer auf diesen Moment. Das ist in unendlich vielen Büchern aus allen Epochen nachzulesen. In der heutigen Zeit gibt es eine Menge Statistiken darüber, dass Jungen nicht oder nie von zu Hause ausziehen, immer mehr und immer älter werden. Das viele „junge Männer" auf gar nichts mehr warten. Hotel „Mama" funktioniert doch prima! Dass dieser Zustand nicht zuträglich für die Entwicklung zum Mann ist, sieht man wenn überhaupt erst später oder nie ein. Viele von uns Männern hechten in der heutigen, sehr turbulenten Zeit mehr oder weniger angestrengt durchs Leben, wartend und träumend, immer auf der Suche nach Zufriedenheit, Glück, Anerkennung und innerem Frieden und vor allem nach Liebe!
Mach doch bei dieser Übung mit und beobachte Dich selbst:
Gehe sehr gelassen, aber dennoch aufmerksam durch die Straßen Deiner Stadt. Setze Dich in ein Café oder, noch besser, nach draußen und beobachte die Menschen, die an Dir vorbei marschieren. Werte für Dich die Ausdrücke in ihren Gesichtern und ihre Körperhaltung. Zeigen sie Dir ihre Angestrengtheit oder auch ihre Freundlichkeit. Was drücken diese Menschen aus? Klar ist, dass alles subjektiv ist weil alles nach Deiner Wertung stattfindet. Es geht um die Häufigkeit der entstehenden Impulse! Nun versuche neutral zu bleiben. In Firmen macht man Multimomentstudien. Wenn ein Vorfall, eine Meinung, ein Verhalten sich häuft, ist in jedem Fall der prozentuale Anteil recht hoch und richtig. Durch immer wieder kurzes Hinsehen und Beobachten kommt eine Bestätigung der Verhaltensstudie zum Vorschein. Die meisten Menschen, die ich kenne, kommen mit einem anderen Meinungsbild aus dem Test heraus. Aber mache Dir ein eigenes Bild. Trage diese Ergebnisse ein und ziehe Parallelen zu Deinen eigenen Verhaltensweisen. Die Benennung der Spalten bleibt Dir überlassen. Achte auf die Reproduzierbarkeit der Daten wenn Du mit PC arbeitest. Aus eigener Erfahrung kann ich mitreden, denn eine Tabelle die ich vor zwanzig Jahren begonnen hätte, währe heute in unveränderter Form von keinem PC mehr lesbar. Kaum einer läuft total glücklich herum

Und wenn wir der Meinung sind,
das nicht alles um uns herum
„OK“ – ist, dann ändern wir einfach
etwas!
Wir müssen uns einfach
nur im richtigen
Moment trauen!
ina 2009

und strahlt seine Zufriedenheit aus. Wann hast Du zum letzten Mal einen Mann gesehen, der singend vor Glück und freudig strahlend, lächelnd oder fast tanzend durch die Straßen geht? Damit meine ich jemanden, der seine Zufriedenheit mit sich selbst, seine Gelassenheit, seine innere Stabilität und Freude am Leben bei jeder Gelegenheit ausstrahlt, sei es in Gesprächen, Gesten, Worten oder einfach nur im Dasein? Wenn Du jedoch Menschen aus dem eigenen Umfeld fragst: „Geht ‚s Dir auch schlecht? Hast Du es auch schwer? Findest Du das Leben auch manchmal erschwerend?" Dann befindet man sich in großer Gesellschaft. Es gibt heute in unserer Gesellschaft erschreckend viele Menschen, denen es unsichtbar auf der Stirn geschrieben steht, wie „unbegeistert" diese durch ihr Leben gehen. Sie senden in den 16 Stunden, in denen sie wach sind, ein Signal: „Ich habe es schwer, mir geht es nicht gut. Ich bin mit mir und meinem Leben unzufrieden und fühle mich nicht gut." „Hau mir doch bitte eine rein", ich mache das selbst auch schon jeden Tag und das schon seit mehr als 20, 30 oder 50 Jahren!" Lösungsvorschläge kommen noch in den nächsten Kapiteln! Die folgenden Feststellungen sind nicht nur von mir sondern auch aus einigen psychologischen Fachbüchern. Den Inhalt kann ich aber voll unterstreichen. Nichts ist für die Entwicklung eines werdenden Menschen so wichtig wie Liebe, Zärtlichkeit und Zustimmung.
Wenn ein Kind keine eindeutigen, spürbaren Beweise solcher Gefühle erhält, welkt es dahin wie eine Blume ohne Wasser. Und genau so wird es später auch reagieren und im Leben stehen! Das Wissen über diesen Zustand sollte für uns „Männer" Anlass genug sein, uns mit unserem Umfeld, in dem wir leben und in dem jeden Tag werdende Männer aufwachsen, zu beschäftigen. Und wenn wir der Meinung sind, das nicht alles um uns herum „OK" ist, dann ändern wir einfach etwas! Wir müssen uns einfach nur im richtigen Moment trauen! Kleine Kinder beiderlei Geschlechts gehen mit Neugierde, Hoffnung, grenzenlosem Vertrauen und voller Liebe in ihr neues Leben. Sie fühlen sich lebendig und sind voller Liebe im Herzen. Wissbegierig und voller Vorfreude auf die vielen Abenteuer, die das Leben ihnen beibringen wird, gehen sie voran. Leider wird dieses positive, mitgebrachte Lebensgefühl den Jungen und Mädchen sehr früh und sehr schnell ausgetrieben, bis es mit der Zeit bei sehr vielen fast völlig erlischt. Die Unreife der Eltern, die ja auch in Ihrer Jugend so behandelt worden sind, kommt da in der nächsten Generation leider unverändert wieder durch. Der Knackpunkt ist hier auch in der großzügigen

Verabschiedung des Mehrgenerationenhaushalts zu suchen! Es wird sehr oft aus dem Unterbewusstsein der Eltern das Gefühl vermittelt: „So wie Du bist, bist Du nicht richtig!" – aber was richtig ist, weiß ich auch nicht! Als Kind kann man nur aus den von den Eltern versendeten Äußerungen und Gefühlen seine innere Richtung finden.
Die Kinder lernen sehr schnell, dass sie sich, um ein bisschen Liebe und Zuwendung zu erhaschen, um akzeptiert, einfach um geliebt zu werden, bei vielen Gelegenheiten verbiegen müssen. Und sie tun das! Das Gefühl, das sie nicht passend sind, verstärkt sich in ihnen immer mehr und durch dieses erlebte Gefühl entstehen im Unterbewusstsein der Kinder die ersten Glaubenssätze.
Alle Kinder sind emotional voll ihren Eltern und den Personen, die um diese herum sind, ausgeliefert. Was unsere Eltern tun, reden und oft unbewusst in die Welt ausstrahlen, erkennt ein Kind, weil es ja völlig neutral und noch nicht voreingenommen ans Werk geht. Wir glauben und übernehmen als Kind alles. Aus den hunderten von Gefühlen, die jeder von uns in der Kindheit erlebt hat, positive und negative, leichte und schwerwiegende, entsteht in uns Leid! Das Verhalten und die Gefühle der Eltern spiegeln sich unvermeidbar in unseren eigenen entstehenden Glaubensweisheiten wider. Jeder Schmerz, jedes gefühlte Gefühl, was in uns während des Kindseins entsteht, verwandeln wir in Glaubenssätze, die tief in unserem Unterbewusstsein in unserem Gehirn gespeichert und dort abgelegt werden! Ohne das Passwort zu kennen, kommen wir an diese Dinge nicht mehr heran. Nur dann, wenn wir den Code unseres „Denkers" kennen, können wir ihn zu einem kleinen Teil verändern. Allein der Satz: „Schäm dich!", den wir alle immer wieder gehört haben, löst in jedem Menschen Emotionen aus. Dazu kommen auch in erlebten Situationen selbstauferlegte Glaubenssätze wie: „Mir gelingt aber auch gar nichts! Ich traue mir nicht viel zu! So wie ich bin und aussehe, das kann ja auch nichts sein! Ich sollte perfekter, besser, schneller usw. sein! Ich bin nicht liebenswert!" Und hunderte mehr, die alle im Kern die gleiche Aussage oder Bedeutung haben, nämlich die, das jeder, der mit sich selbst nicht im Einklang ist, sich selbst nicht liebt, eine negative Wirkung gegen sich entwickelt! Wie lange bleiben und wirken diese, in uns während der Wachstumsphase und später als Jugendlicher wahrgenommenen, in uns eingepflanzten Glaubenssätze und späteren Verhaltensweisen? Sie halten ein ganzes Leben lang! Sie wirken 24 Stunden am Tag! Sie prägen unsere Persönlichkeit und unser Verhalten, wie

wir am Leben teilzunehmen haben! Eine Wertung der Empfindungen, eine Meinungsänderung kann ein Kind, ein Heranwachsender nicht vornehmen! So denkt und sammelt es vor sich hin, ob es das will oder nicht. So funktioniert unser „Denker", unser eigener innerer Computer. Wir haben ihn, ohne es zu wollen, ohne uns dessen bewusst zu sein, über Jahre hinweg ständig selbst programmiert. Und jetzt kommt's: „Unser Denker ist nicht unser Herz und unser Bauchgefühl. Es ist ein Teil vom Gehirn, der uns rational gesehen durchs Leben bringen soll. Aber er ist auch manchmal hinterlistig. Unser Denker, unsere Ratio, obwohl er nur ein Teil von uns ist, will bei allen Entscheidungen immer der Gewinner sein. Das dagegenstehende Bauchgefühl enthält die Steuerung der Emotionen.
Diese Gehirnhälfte ist von der Berechnung in Millisekunden sogar noch schneller als der rationelle Kopf. Nur haben wir seit langem gelernt, das Bauchgefühl nicht als den richtigen Entscheidungsträger zu benutzen und zu werten. Das ist nicht immer gut. Menschen, die ihr Bauchgefühl wieder entdeckt haben, gehen oft gelassener und weiser durchs Leben. Wie sieht es mit Deinem Bauchgefühl aus? An diese Stelle gehört auch nochmal die Definition zu dem Wort „Glück". Das ist ein bisschen ähnlich wie mit dem Bauchgefühl. Es ist oft da, aber wird nicht erkannt oder sogar abgelehnt. Glück ist eine Empfindung. Wenn Du zehn Menschen fragst, was für sie dieses Wort bedeutet, bekommst du auch zehn Antworten. Zum Verständnis betrachte ein Kind. Für viele von ihnen ist es ein Glückszustand, wenn der Berg Eis, den sie in sich hinein löffeln, nicht kleiner wird. Erwachsen geworden, wird oft der Cocktail nebst reichhaltigem Büffet auf einem Kreuzfahrtschiff in der Karibik zur Messlatte für das Glück. Wieder andere sind glücklich, wenn sie unter Palmen liegen und umgeben sind von „großbusigen", gut aussehenden Frauen. Es gibt noch das Glück für etwas Neues, das man sich angeschafft hat. Das alles gehört zum materiellen Glück, das oft nur etwas mit Befriedigung von Wünschen zu tun hat, aber als Glückszustand ausgelegt und empfunden wird. Wir sind, was die Befriedigung dieses Begriffes angeht, in einem ständigen Wandel. Jeder fühlt es, aber keiner kann es genau beschreiben. Ist es ein anerzogenes Verhalten oder ein Lernprozess? Haben wir aus den Äußerungen der Mitmenschen vieles einfach nur übernommen? Ist es ein Mix dieser Dinge? Wo ist die Messlatte für jeden? Es ist die Einbindung und die Menge an sozialen Beziehungen und Kontakten inklusiv des Meinungsumfeld aus diesem Kreis von Menschen, die

uns glücklich oder unglücklich machen, verbunden mit einigen materiellen Bonbons, die wir uns als Belohnung für etwas Erreichtes oder zur Beruhigung unserer Erwartungshaltung selber schenken. Aber es sind auch die immer auf uns eintrommelnden Bemerkungen, Suggestionen und Meinungen von allen Medien, die uns oft unbewusst überschleimen und uns durch ihre ständige Penetration unbeweglich in eigenen Entscheidungen und Zuständen machen. Somit versetzten sie uns oft in eine andauernd negative Stimmung, von der aus wir nicht mehr frei heraus sagen können, was wir als Glück empfinden und durch was dieser Zustand in uns ausgelöst wurde. Vor allem, das es eine gewisse Zeit bei vollem Bewusstsein in uns anhält.

Kontroverse Lösungsvorschläge

In den letzten hundert Jahren bestand Erziehung hauptsächlich aus drei Hauptverhaltensregeln, die auch die Generation bis in die 80er Jahre hinein noch alle hundert-, ja tausendfach eingetrommelt bekommen haben: sei anständig, brav und fleißig, zumindest dem Verhalten anderer und der Gesellschaft angepasst!

Ich höre von ganz vielen Pädagogen, das seit den 90er Jahren dieses Grundsatzverhalten vorbei wäre, denn sonst wäre die Zahl der extrem verhaltensauffälligen Schüler und der Suche nach Lösungen nicht so gewachsen. Unsere Gesellschaft hat noch nie so viele „kaputte Typen" hervorgebracht wie heute. Viele junge Männer, bekommen von ihren Eltern überhaupt keine Regeln beigebracht! Niemand sagt einem Jugendlichen, der aus einem schwierigen Elternhaus ohne jegliche Struktur kommt: „Wirf deine alten, gelernten und übernommenen Glaubenssätze über Bord und suche dir für die weiteren Jahre deines Lebens neue, helfende dich persönlich weiterbringende Glaubenssätze"! Nur bei sehr wenigen Menschen klappt dieser Vorgang auf eigene Initiative von selbst. Der von mir sehr verehrte, geschätzte Psychologe Robert Betz sagt in einem seiner Vorträge: „Wenn wir irgendwann eines Morgens aufwachen könnten und wären ohne unsere Vergangenheit, ohne unsere erlebten und selbst gesponnenen Geschichten, könnten wir ein anderes, offeneres Leben beginnen." Das machen wir Menschen aber nicht so. Wir wachen morgens auf und denken an der Stelle genau so weiter, an der wir gestern Abend aufgehört haben. Wir knüpfen an unsere endlose Geschichte an, die wir in den letzen 20, 30 oder gar 50 Jahre gedacht und uns zu Recht gesponnen haben. Wir haben nicht gelernt, unsere Seele zu streicheln. So gehen viele von uns Tag für Tag sehr hart mit sich um. Viele Männer lieben sich selber oft nicht, ja sie mögen vieles an sich selbst nicht einmal.

Einige kritisieren, verurteilen sich selbst oft aufs Schärfste! Viele, sehr viele von uns sind immer noch anständig, lieb und fleißig, auch wenn sie 30, 40, oder über 60 Jahre alt sind. Das können wir trotzdem als eine positiv zu wertende Eigenschaft in der Bilanz stehen lassen. Wir sollten uns weiterentwickeln und an unseren festgestellten Baustellen arbeiten. Ich selber habe auf vielen Treffen und Seminaren immer wieder erfahren, dass bei ganz vielen Männern ein starkes Defizit, eine unglaubliche Unentschlossenheit herrscht und selbst nach Jahrzehnten kaum eine Veränderung stattgefunden hat. Das war auch ein Grund, eine Motivation, warum ich mich hier schriftlich mitteile. Ich habe

zu Anfang schon auf ein wichtiges Hilfsmittel, die Tabelle, hingewiesen. Wir haben ja alle im beruflichen Alltag mit Tabellenkalkulation wie Excel oder ähnlichem zu tun. Warum nutzen wir dieses Instrument nicht für unsere Lebenstabelle? Baustelle A und Lösung B mit Zeitplanung C usw., dass mit einem bisschen Mut D und einer Vorgehensweise F etwas Bereicherndes für unser Leben X heraus kommt. Einen kompletten Löschvorgang, eine Art „Gehirnfurzreset" vorzunehmen, kann keine Lösung sein und funktioniert auch nicht. Denn ein Teil unseres Grundprogramms darf auch nicht gelöscht werden. Wir haben auch sehr viel positives Selbsterhaltendes, Kreatives und Wichtiges im Laufe des Lebens erlernt und schon viel auf diese Reise ins Leben mitbekommen. Uns nur von dem im Wachstum in uns reingestopften Gedanken und Gefühlen zu trennen, geht nicht und macht keinen Sinn. Jedes Erlebnis, das wir irgendwann im Leben machen, prägt und erfüllt unseren Geist. Nur durch selbst Erlebtes, offen und klar Wahrgenommenes und innerlich Bejahtes, gibt es eine Weiterentwicklung und Veränderung unserer Persönlichkeit.
Jeder junge Mensch hat es im Laufe der Evolution und im Laufe seines eigenen Wachstums immer wieder konsequent abgelehnt, Warnungen von Eltern, Verwandten und Freunden, sowie Sorgen und Ängste von der vorigen Generation zu übernehmen. Jeder Mensch muss seine Erfahrungen selbst machen. Jeder Mensch schreibt sein eigenes Programm des Lebens selbst. Somit kommen wir mit übergestülpten Lösungen und pauschalen Resets nicht weiter, weil wir alle individuell verschieden gestrickt sind. Das kann und soll auch so bleiben, es muss uns nur jemand führen, dem wir vertrauen und den wir akzeptieren und der die Schliche des Lebens kennt, sonst finden wir den richtigen Weg nicht. Wir haben vorher von dem Abschied aus der Großfamilie gesprochen. Diese damalige Lebensform hat ohne es zu wissen nachweislich, mehr für die emotionale Stärkung der Heranwachsenden getan, als das in der heutigen Familienkonstellation der Fall ist. Die Überlebensangst aller Menschen, die Ursprungsangst hat es immer schon in uns gegeben. Somit hat es auch immer schon Wut, Hass, Neid, Leid, Minderwertigkeitsgefühle, Einsamkeit, Eifersucht und somit auch Krieg und Zerstörung gegeben. Aber auf der anderen Seite gibt es auch Hoffnung, Liebe, Zärtlichkeit und den Gemeinschaftssinn. So entsteht in jedem von uns immer mal wieder ein Gefühl des „Leidens". Unser Leidensprozess wird jedoch in den meisten Fällen nicht durch das verursacht, was gerade in der Wirklichkeit geschieht, sondern durch die Widerstände in

uns, durch unsere negativen Gedanken und Einstellungen zu dem, was da gerade geschieht. Unsere Unzufriedenheit, unser eigener Angst-Krieg in uns entsteht oft zu dem „Nein" für Dinge, die sowieso schon da sind. Wir kämpfen innerlich im Unterbewusstsein nicht gegen die Wirklichkeit, sondern oft nur gegen uns selbst. Unser Geist, unser Verstand, den wir über Jahre hinweg trainiert haben, denkt so in uns. Wir haben ihm einen Auftrag gegeben so zu denken. Er hält sich strikt an die Anweisung. Wir merken es aber nicht. Wir haben verlernt, auf etwas anderes zu hören. Unser Verstand kämpft in uns und er will der Gewinner sein. Dagegen steht unser Charakter unserem Gefühlsproduzenten im Gehirn (Bauchgefühl), gegenüber. Wenn wir zum Beispiel denken, dass manche Menschen von ihrem Charakter her schlecht sind, sucht unser Verstand so lange in unserem Umfeld, bis er einen passenden Typen gefunden hat, der uns die Bestätigung zu unseren Gedanken und unserem Einschätzungsvermögen liefert. „Da läuft wieder einer! Da ist noch einer!" Es ist nur der Geist in uns, der so denkt. Es ist das selbst gestrickte Programm unseres eigenen Kopfcomputers. Würden wir mehr in uns die Wahrheit suchen und auf unser Bauchgefühl achten, träfen wir weniger Fehlentscheidungen und würden auch liebevoller auf andere Menschen zugehen können. Wir haben es verlernt und es wird auch heute als unmodern angesehen, auf etwas anderes zu achten als auf unseren Ratio-Kopf.

Das Leben ist wie es ist.

Immer wieder in der Vergangenheit hat es schlechte Menschen, besser gesagt, Ausnutzer oder wie ich sie gerne nenne Mitesser gegeben, die von Ihrem Auftreten, von ihrem Intellekt, von ihrer Überheblichkeit oder auch nur von ihrer redseligen Überzeugungskraft her, anderen voraus waren, gegeben. Über Jahrhunderte haben sie durch ihre Hinterlist Schande und Tod über unzählige Menschen gebracht. Daher tragen auch wir heute noch in unserem Unterbewusstsein Botenstoffe aus der Urzeit in uns, die uns vor solchen negativen Entscheidungen bewahren sollten. Evolutionstechnisch bedingt haben wir Impulse in uns, die bei gewissen Reaktionen anderer durch Wortwahl, Körpersprache oder Geruchssinn ausgelöst, Meinungen und Verhaltensweisen in uns verursachen oder in uns abrufen, die bis heute wirken. Ob wir sie deshalb pauschal in Schubladen mit einer feststehenden Meinung packen müssen? Das sind Meinungsfächer die unser Denker unser eigener Computer, ohne dass wir das bewusst durchgearbeitet haben, angelegt hat. Pauschale Einschätzungen über Verhaltensweisen und angebliche Eigenschaften eines Menschen ruhen dort. Eine Menge an Zweifel und Angst entsteht bei allem, was ist und auch was gesagt wird, der eine hat mehr davon, der andere weniger, der eine als Schutz, der andere aus Furcht. Aber auch selbst das wird bis in die heutige Zeit leider oft von allen möglichen Gruppen von Menschen bewusst und gezielt zu ihrem eigenen Vorteil ausgenutzt. Sei es im Bereich Glücksspiele, Sportwetten, Marketing, Versicherungen, Kunden-Beeinflussung und Suggestionen wird damit gearbeitet. Es gibt hunderte von negativen, beeinflussenden Momenten und angeblichen Wahrnehmungen. Natürlich sind auch in den genannten Gruppen viele anständige und hilfsbereite Menschen tätig. Damit meine ich die Menschen, die ihre Arbeit korrekt tun und sich nicht einen Vorteil auf Deine Kosten verschaffen wollen. Aber das beurteile und werte jeder für sich selbst. Ich glaube, dass jeder in irgendeiner Weise durch eigene Erfahrung seinen eigenen Kommentar hierzu abgeben könnte!

Übung:

Durchforste alle Deine eigenen Meinungsfächer über die seit Jahren in Schubladen angelegten Personen und bewerte diese in Deiner Tabelle neu! Achte besonders darauf, ob es an Dich herangetragene Meinungen waren, die Du aus irgendwelchen Gründen übernommen hast und achte ebenfalls darauf, ob Du selbst aus eigenen Gesprächen Meinungen gebildet und erlebt hast. Versuche so neutral wie möglich zu sein. Wenn Du dieses Thema für Dich erfüllend bearbeiten willst, dann nimm mit den Menschen, die in Deiner Ergebnisliste unter der Rubrik „Übernommen" standen, einfach persönlichen Kontakt auf. Besuche sie und sprich mit Ihnen und versuche diese Menschen danach neu zu bewerten.

Ich will Dich ganz mit Haut und Haaren!

Wenn wir Zeitung lesen, fernsehen oder vor allem im Internet surfen, erleben wir eine gigantische Versprechungswelt, die nur das Beste von uns allen will: Nur unser Geld und unsere Seele. Da wird oft mit erhobenem Zeigefinger gedroht, nach dem Motto: Es kann schlimm kommen, pass auf, ich habe es dir ja vorausgesagt! Diese und andere Versuche der Beeinflussung erleben wir täglich. Auf manche reagieren wir schon gar nicht mehr. Die Vielfalt ist schier grenzenlos und mittlerweile geschmacklos geworden. Nicht umsonst wird die Kritik und der Zwiespalt zwischen den „öffentlich Rechtlichen" und den „Freien" Sendern immer geäußert. Das Verhalten dort hat viel mit Werten und dem Umgang mit diesen zu tun. Die meisten Suggestionen erleben wir nicht mal mehr direkt als solche, weil sie so perfekt, oft hinterlistig und für uns als solche nicht mehr direkt wahrnehmbar, ja listig versteckt gebracht werden. Die wachsende intellektuelle, nicht die emotionale Intelligenz der Menschen in den letzten 100 Jahren und die uns heute endlos zur Verfügung stehenden Informationen, könnte uns normalerweise davon abhalten, negativ besetzte Informationen, die ständig auf uns eintrommeln, nicht mehr zuzulassen. Es ist aber leider nicht der Fall! Wir Menschen sind anscheinend auch noch im einundzwanzigsten Jahrhundert durch unsere Selbstzweifel geprägt. Unsere negativ besetzten Gedanken, unsere Angst und oft große Unsicherheit vor Fremden und deren Verhaltensweisen lässt uns Thesen annehmen und uns ihnen so ausliefern. So wird das Strickmuster in großen Teilen unserer Gesellschaft selbst heute noch bei vielen Männern geprägt. Letztlich glauben sie fest daran, dass sie richtig gehandelt haben, sogar glauben sie manchmal, dass sie es selbst waren, die diese Ideen und Thesen erschaffen haben, selbst wenn das zum Krieg, zum Töten und Morden ausgenutzt wurde und leider heute noch an verschiedenen Stellen der Welt ausgenutzt wird! In den letzten hundert Jahren sind die Wissensinformationen, zu denen Menschen Zugang haben, so groß wie noch nie in der Geschichte der Menschheit. Es gibt kein Thema, dass wir nicht nachlesen und studieren könnten. Es gibt keine biologischen, chemischen und spirituellen Vorgänge, die nicht erklärt oder zumindest exakt beschrieben sind. Nur in der richtigen Menge damit umzugehen, sollten wir erst dringend lernen! Wobei, das mit dem „Lernen" soll ja auch gelernt sein. Es gibt hunderte von Regelungen, die uns das Wissen und das Behalten näher bringen. Zeitungen und Journale geben sich allergrößte Mühe, die Vorgehensweise des Lernens zu vermitteln. Etwas Begeisterung zu dem Thema:

„wie lerne ich richtig" mitzubringen, wäre von Nutzen. Auch hier ist das Wort „Struktur" das Zauberwort! Vor allem ist jedes Thema heute frei, unzensiert und durchaus kritisch hinterfragt. Es ist unglaublich und wunderbar, dass in einer Zeit wie der heutigen, jeder unter dem Schutz der Demokratien, also leider nicht weltweit, ohne Zensur alles veröffentlichen kann und vor allem alles veröffentlichen darf. Die fehlende Freude der Menschen jedoch hat heute etwas mit „Fülle oder satt sein" zu tun. Kann auch eine Überfrachtung vorliegen? Wer jeden Tag mit Informationen überfrachtet wird, baut ab, wird stumpf und merkt sich nicht mehr alles. Dies könnte ein natürlicher Grund sein, warum viele Menschen so „dicht" und so in sich gekehrt und „prallvoll" sind. Das Pralle wäre von der psychologischen Seite betrachtet dann ein „Frustpraller" und nicht ein Frustfresser! Möglich ist beides. Aus vergangenen Zeiten, als alles noch einfacher und weniger vorhanden war, weiß man, dass wenn jemand etwas Neues, nicht in das damalige Gesellschaftsbild passende gesagt oder gar geschrieben hat, die Informationen demjenigen förmlich aus der Hand gerissen wurde. Die Welt war wissbegierig. Jeder hatte Hunger nach Neuem, nach Veränderung. Heute, nur zwei Generationen später, scheinen viele satt, ja schon gequält voll zu sein und schalten jetzt, wo es endlich alles gibt, ab und auf stur. Ist das die neue Bequemlichkeit? Der neue Frust?

Übung:

Du lebst auf einer wunderbaren Insel im warmen Pazifik ....

Versuche das Dir selbst einmal vorzustellen. Dir wären, seit dem Du auf der Welt bist, alle praktischen Dinge und dazu auch alle theoretischen Abläufe grundlegend erklärt worden, die man für ein Leben auf dieser Insel braucht. Der gesamte Informationsstamm wäre Dir ganz dosiert und sehr liebevoll mitgeteilt worden. Es fehlt Dir von der sogenannten „Grundausbildung" her nichts. Nach einer, mit Dir selbst festgelegten, aber auch veränderbaren Struktur bekommst Du Informationen, was diese Welt um Deine Insel herum alles kann und macht. Du wirst neugierig. Eine Reise in die andere Welt steht Dir völlig frei. Wie würdest Du hier ankommen? Ich bitte Dich, diesen Faden in Form einer Meditation weiterzuspinnen und die Ergebnisse nachher in deine Tabellenkalkulation einzutragen. Neugierig, interessiert, erschrocken bis beeindruckt, usw.? Es geht darum, andere Verhaltensweisen zu erkennen. Was würdest Du alles anders machen? Und die Frage sei auch gestellt: Warum mache ich das eigentlich heute nicht so?

Die Sorten
Fülle
Saft

Wir könnten uns glücklich schätzen!

In den letzten zwei bis drei Generationen kommen wir zumindest in großen Teilen Europas sogar ohne Krieg, ohne uns selbst gegenseitig totzuschlagen, ohne Angst und ohne tiefgreifende Gesellschaftsprobleme aus. Es ist schon überwältigend, wenn man überlegt, dass Generationen von Menschen in Sauberkeit, Freude und globalem Wissen, friedlich vereint sein können. Vor einigen hundert Jahren sah das ganz anders aus. Wären wir damals aus einem Haus herausgegangen, hätten wir knietief im Morast und eigener Scheiße gestanden, keine befestigten Straßen, keine Infrastruktur, keine Sicherheit und tausend Sachen, wie wir sie heute kennen und schätzen, hätten wir auch nicht. Um uns herum wäre im Minutentakt geboren und gestorben worden und das auf oft brutalste Art und Weise, einfach auf der Straße. Entfernungen, über die wir heute nicht einmal mehr nachdenken, wären in nur tagelangen Märschen und mit lebensbedrohendem Risiko erreichbar und möglich gewesen. Obwohl die Menschen fast völlig baugleich wie wir heute waren.
Mit fast baugleich, meine ich, dass diese Menschen noch unter einem Baum im Spätherbst ohne Decke schlafen konnten und noch einiges körperlich mehr aushalten mussten und konnten. Ihre Empfindungen, Reaktionen, Ängste und das Streben nach Liebe waren nicht anders als bei uns heute. Wäre es anders gewesen, wären wir heute nicht hier. Darüber sollten wir uns alle klar sein. Wir können und sollten heute sagen: „Danke, dass diese Menschen uns den Weg geebnet haben". Obwohl manche nur halb so alt wurden und sie alle nur einen kleinen Bruchteil von dem erlebt haben, was wir heute erleben können. Wir müssten eigentlich vor Dankbarkeit und Demut erblassen und vor Freude jubeln, weil wir in diesem Paradies leben können. Doch gibt es in den heutigen „guten Zeiten" immer mehr Menschen mit vielen Verhaltensdefiziten und einer riesig wachsenden Interessens- und Verantwortungslosigkeit!
Nichts braucht unsere Gesellschaft dringender als „gute Männer". Aber die Frage sei gestattet: „Wer hat uns in den letzten 100 Jahren das Mann-werden überhaupt gelehrt?" „Niemand!"
Die Frauen dagegen hatten ihre Revolution bereits. Sie haben sich vor langer Zeit von der für sie seit Generationen vorherrschenden, sehr dominanten Position von Kinder, Küche und Kirche gelöst. Seit dieser Zeit sind die Frauen teilweise anders geworden. Viele von ihnen handeln aus eigenem, immer größer werdendem Selbstwertgefühl und mit intuitiver Sicherheit. Mehr und mehr Frauen wissen heute, was sie auf dieser Welt erreichen wollen. Sie ha-

ben Visionen und versuchen diese auch in die Realität ihres ganz normalen Lebens einzubauen. Sie haben einfach nur eine Art des Umgangs entwickelt, die Ihnen gut tut und die Sie in ihrem Leben weiterbringt. Die Mehrheit der Frauen lebt heute so. Sie behaupten, dass sie Multitasking-fähig seien, alles auf einmal können und haben aus der Not eine Tugend gemacht. Wenn man überlegt, das noch in dem Radio und den Anfängen der Fernsehwerbung, in den 50er Jahren die Frauen zur Passivität im gesellschaftlichen Verhalten ermuntert worden sind. Die Denkweise der Gesellschaft war so, dass jeder der Männer, egal wie er war, bewundert werden sollte. Es hat aber schnell eine andere Verhaltensweise fast aller Frauen gegeben. „Die Hose zieret nur den Mann, drum Frauen haltet euch daran". (Radio-Öffentlichkeit noch aus den 60er Jahren). Unglaubliches ist danach an Veränderung passiert!
Es gibt aber trotz aller positiven Veränderung, die damals stattgefunden hat, heute leider immer wieder einige „Blondinen" unter den Frauen. Nicht alle haben auf dieser Welle der Veränderung, die angeschwappt kam, auch schwimmen können. In der Gesellschaft kann man gerade heute wieder feststellen, dass viele Frauen es vorne und hinten nicht geregelt bekommen. Aber die Anzahl der noch „Blonden" ist interessanterweise sehr gesunken. Eine positive Veränderung der Verhaltensweisen bei Frauen hat es jedenfalls gegeben. Die Welle der Veränderung, die auf uns Männer zukommt, beherrschen viele von uns auch nicht, weil sich viele von uns rational und emotional oder schwimmtechnisch gesehen, nicht über das „Seepferdchen" hinaus entwickeln. Die letzte große Veränderung begann vor mehr als 200 Jahren mit der industriellen Revolution. Dieses war wohl das wichtigste und wahrscheinlich auch umfassendste, globale Ereignis in der Geschichte der Menschheit. Zum ersten Mal arbeiten die meisten Männer nicht mehr gemeinsam mit den Frauen und Kindern in den Dörfern und auf den Höfen und Feldern, sondern gingen ihrem Job in fernen Städten und in familienabweisenden kalten, lauten und unpersönlichen Fabriken nach. Zum ersten Mal in der Geschichte, wurde die Familienstruktur eine völlig andere. Ab diesem Zeitpunkt wurden jetzt plötzlich fast alle Jungen, ausschließlich von Frauen erzogen. Die industrielle Revolution hat gewaltige, bis heute nicht mehr wegzudenkende Vorteile gebracht. Kaum einer von uns will auf diese Vorteile verzichten, aber die Erziehung und die damit unvermeidbare Einflussnahme auf die Gedanken und Erlebnisse der jungen Männer blieb bis heute fast ausschließlich in den Händen der Frauen.

Zusätzlich haben auch die großen Kriege noch entscheidende Beiträge im Verhalten der Erziehung hinsichtlich Zwang und Disziplin mit sich gebracht. In dieser Zeit und auch danach, gab es eine große Menge der sogenannten „Feierabend-Regulierer". Das waren die Väter, die in der wenigen Zeit, die sie sich für Schule und Erziehung genommen haben, mit Gewalt und Prügel glaubten, einen positiven Beitrag zur Erziehung leisten zu müssen. Uns ist erst jetzt allmählich klar, dass viele kleine Jungen fast ohne männliche Beeinflussung heranwachsen. Dadurch wird die Struktur der Familie und daraus resultierend, die der gesamten Gesellschaft nachhaltig verändert.

„Bevattern“ „Bevattern“ „Bevattern“

Dass kleine Jungen nicht nur ein paar Minuten lang, sondern viele Stunden am Tag „bevattert" werden müssen und dass die Großeltern und Verwandten, ja die gesamte männliche Ahnenreihe für die seelische Gesundheit und die positive Richtung der Entwicklung dieser jungen Männer unverzichtbar ist, ist in Vergessenheit geraten. Diese Einsicht und ein daraus resultierendes Verhalten wird heute sogar von großen Teilen unserer Gesellschaft völlig abgelehnt. Die Folgen sehen wir umso deutlicher.

Wenn wir ehrlich sind, sehen wir in unserer heutigen Gesellschaft auch durch Zuwanderung verstärkt, leider zu viele Männer mit tiefgreifenden Entwicklungsdefiziten. Unausgeglichene, unzufriedene, gestörte, schlecht erzogene, egoistische, destruktiv denkend und handelnde Männer, wohin wir auch blicken.

Darf ich mal was sagen?

Die nächste Seite meiner Argumentationskette ist für manche vielleicht krass und heftig. Aber ich finde, sie ist ehrlich und nennenswert. „Ziehe Dich bitte beim Lesen warm an!" Jeder sucht sich das für ihn persönlich heraus, wovon er glaubt, dass es stimmt und dass ein Teil unserer Welt so tickt! Es ist nur ein Teil der so ist. Jeder von uns kann auch hier sicherlich selber genügend Beispiele aus seinem eigenen Umfeld erkennen.
Auf diese Art und Weise ziehen wir seit mehreren Generationen junge Kerle heran. Heute finden viele Menschen aus unserer Gesellschaft diese offensichtlichen Missverhältnisse in der Erziehung als völlig normal. Sie erkennen das problematische an den Zuständen der Familien noch nicht einmal an. Einige haben gar keinen Kopf, keine Einsicht mehr für ihr Fehlverhalten. Ganz viele Menschen aus unserer Gesellschaft haben noch nie richtig hingeguckt oder sind zu faul, zu einfältig, zu lustlos, ich glaube zu bequem, sich gedanklich mit den Missverhältnissen um uns herum zu beschäftigen. Große Teile unserer Gesellschaft denken und handeln nur noch materialistisch und egoistisch. Eine Gesellschaft, der es über mehrere Generationen nur „gut" geht, hat verlernt, sich mit den Grundbedürfnissen und dem Grundsätzlichen des Daseins zu beschäftigen.
Zu viele Menschen aus der Gesellschaft driften ab in Süchte und destruktive Verhaltensweisen. Hier ist vor allem der zu häufige und regelmäßige Bölkstoff Bier gemeint, den sehr viele fast allabendlich in sich einfüllen. Eine funktionierende Ehe, verbunden mit Kindererziehung, kann bei einem Konsum von mehr als einem Promille abends nicht mehr glücklich vollzogen werden. In Verbindung mit viel Fernsehen im abendlichen Joggingsack und intensivem Frustessen lässt uns müde werden. So ist es schwer möglich, überhaupt noch etwas Lustvolles und Energiereiches zu vollziehen. Einige Männer sind nach den langweilig durchlebten ersten 40 Jahren endlich aus ihrer Pubertät erwacht, kommen danach sofort in die Midlife Crisis und stürzen umgehend in die Demenz ab. Unsere Zeitungen sind täglich voll davon. Mit einem neuen Partner aus der so verheißungsvollen Partnerbörse wird das auch nur für Wochen besser, denn dann sind die alten Strickmuster wieder da und die gleiche Frustserie geht wie vorher weiter.
Die Zukunft wird zeigen, ob sich dieser schon spürbare negative, über Jahrzehnte hinweg angewöhnter Trend fortsetzt oder ob eine Besinnung auf das wirklich Wichtige im Leben beginnt.

Übung: (die einfacher klingt als sie ist)
Ich möchte hier keine Diskussion entfachen mit der Frage: Was ist eigentlich wichtig im Leben? Lasse Dir einige Punkte für Deine Tabellenkalkulation einfallen, die nur für Dich wichtig sind. Einen Tipp noch am Rande. Keiner der Sätze in der Tabelle sollte bitte mit: Ich sollte, ich müsste, ich könnte anfangen. Tröstlich ist, dass die Geschichte der Menschheit diesen Aspekt der Entwicklung einer so modernen Wissensgesellschaft und der daraus entstehenden Problematik noch nicht hatte. Viele Menschen arbeiten und leben wieder in Gesellschaftsschichten, in der sie nicht sein wollen und wo sie sich auf Dauer auch nicht wohl fühlen werden. Dieses führt bei den Betroffenen zu noch größer werdender Unzufriedenheit und zur Aufstellung von falschen, selbst erfundenen Lebensregeln oder sogar, wenn wir uns das oft genug vorreden, zur selbst erfüllenden Prophezeiung! Dieses wird aber von einem Teil der Gesellschaft einfach hingenommen, weil ja alles so aussichtslos erscheint, wird viel gestöhnt, aber nichts Konkretes unternommen, um den Zustand abzustellen.

Die neue Männlichkeit

Hier ist dringend Eigenverantwortung vor der eigenen Haustür gefordert und man darf nicht die Flinte ins Korn werfen, nur weil das viele andere auch tun. Und genau da würde sich die „neue Männlichkeit" zeigen. Entscheidungen vor Ort mittragen und unterstützen ist die Devise, ja sagen zu kleinen eigenen Lösungen und schnell mit der Umsetzung anfangen. Es gilt, konstruktiv aber ehrlich sich selbst gegenüber zu bleiben. Es wird hier deutlich, dass gesellschaftspolitisch keine optimale schnelle Lösung für alle in Sicht ist. Wir brauchen dringend Männer die uns wachrütteln, die uns motivieren und kreativ von altgebackenen und verkrusteten Verhaltensweisen auf einen neuen, guten Weg bringen. Zumindest, dass sie uns verschiedenste Impulse aufzeigen. Nach dem Motto: „Da wo ich bin ist vorne". Warten wir ab und beobachten den Vorgang kreativ kritisch, aber mit einer positiven Unterstützung durch uns alle, wenn es geht.
Wer will, kann noch eine kleine Übung mitmachen.
Übung:
Suche aus Deinem eigenen Umfeld Menschen, die Du flüchtig kennst, von denen Du gehört hast, die diesem Muster, das wir gerade beschrieben haben entsprechen. Stell Dir vor, Du würdest eine Patenschaft für diese Familie oder auch für eine Einzelperson übernehmen, die Dich an der Denk- oder Verhaltensweise dieser Menschen teilhaben lässt. Könnte Dir dass Spaß machen und Dich motivieren? Dann trage auch hier einige Namen in Deine Liste ein.
Such Dir einen Weg, diese Menschen anzusprechen und schau mal, was das für eine Veränderung und Einsicht bei Dir bringt.

Wieso? Alle denken an sich, ich denke nur an mich!

Der eigene Tellerrand, bestückt mit einer großen Menge Waren und einer Portion Egoismus, immer noch mehr haben zu wollen, ist vielen Menschen heute wichtiger als entstehende soziale Brennpunkte um Sie herum. Väter und Mütter arbeiten oft beide und so entsteht ein Zeitproblem. Bei den Frauen wurde in ihrer Erziehung sehr streng und eindringlich darauf geachtet, dass sie lieb, brav und fürsorglich waren.

Diese Frauen ziehen heute überwiegend unsere Kinder auf, welche wiederum in Kindertagesstätten, Kindergärten und später in den Schulen von Frauen betreut und dort auf das Leben vorbereitet werden sollen. Die Eltern heute führen leider zu oft ein Leben, in dem Visionen und Ziele fehlen, vor allem, wo es an jeder Ecke und Kante an Strukturen fehlt. Wir haben ganz zu Anfang über Energien gesprochen. Wenn ich nicht weiß, wo meine Energien, meine Stärken und auch meine Schwächen sind, wenn ich nicht weiß, wie ich zu mehr Energie und zu mehr Kraft komme und wofür ich diese dann in meinem Leben einsetzen kann und will, habe ich heute ein Problem.

Frag doch mal die Anderen!

Wir Männer sollten zumindest auf dem Weg der Erkenntnis sein, um unser eigenes Leben erfolgreich und glücklich zu gestalten. Besonders interessant und beobachtenswert wird es dann, von anderen eine Antwort zu bekommen auf die Frage, welches die persönlichen Ziele in ihrem Leben sind! Frag einmal in Deinem eigenen Bekannten- oder Freundeskreis nach persönlichen Zielen, Wünschen und Visionen der Männer und Frauen für ihr Leben? (Egal ob es kurzfristige oder langfristige Ziele sind). Du wirst Dich wundern, was dabei leider nur herauskommt! Du wirst Dich aber auch darüber wundern, wie schnell man Dir bei solch einer Fragestellung ausweicht. Oft wird man völlig überraschend fast schon beschimpft, wenn Fragen über Psyche und Verhalten selbst von eigenen und guten Freunden gestellt werden.
Ohne tief greifendes Üben und Lernen des Mannseins bekommen unsere Jungen zwar große, muskulöse Körper, doch durchlaufen Sie nicht die für ihre Entwicklung nötigen, psychischen und gefühlsmäßigen Veränderungen, welche zur Erlangung echter Reife nötig wären. Wenn wir die jungen Menschen zu ihren eigenen Erfahrungen, die sie machen müssen, wohlwollend begleiten, dann ist ein Mehrerfolg sicher und oft nicht so schmerzhaft. Das muss man von der Elternseite wollen und anstreben, auch wenn es Kraft und Zeit kostet. Ich weiß wovon ich rede, denn ich kenne einige, die diese Problemfälle bewältigt haben und ich bin selber Vater zweier Söhne.
Aber auch in meinem Bekanntenkreis gibt es eine Menge Eltern, wo es an vielen Ecken Baustellen gibt, die zu bearbeiten sind. Das hat nichts, aber auch gar nichts mit Bildung, Geld und Ansehen zu tun. Das hängt in allen Fällen nur vom Verhalten der Erkenntnis und dem partnerschaftlichen Zusammenhalt in Verbindung vom intensiven miteinander reden ab. Auch der Mut der einzelnen beteiligten Personen spielt eine wichtige Rolle.

Männer halten immer zusammen! Stimmt das?

Echte Freundschaften unter Männern sind viel zu oft geprägt von Hemmungen und geringer Offenheit, von Reserviertheit. Leider sind die Freundschaften auch zu oft von kurzer Dauer. Für gute Freundschaften muss man selbst viel tun, um sie zu erhalten und zu pflegen. Chronisches Misstrauen schwebt, bildlich gesprochen, sehr oft über den Zusammenkünften von werdenden Männern. Natürlich gibt es sie, die wunderbaren langanhaltenden Männerfreundschaften, aber die Anzahl ist erschreckend gering. Jedenfalls die Zahl der Freunde, wofür man auch nachts um drei Uhr aufstehen würde, um ihnen zu helfen, egal in welcher Situation sie in dem Moment stecken. Die Gesellschaft hat mehrere dumme Sprüche dazu entwickelt und lebt diese auch: „Aus den Augen, aus dem Sinn" oder „wer nicht da ist, zählt nicht"! Wenn ein junger Mann einen Freund hat und er zieht nur in eine andere Stadt oder er besucht nur eine andere Schule, dann ist heute oft schon Schluss mit der Freundschaft und das in der modernen Zeit, trotz Handy, SMS und E-Mail-Flatrate.

Ein paar Worte zu den Frauen.

Frauengruppen sind da manchmal besser dran. Aber auch hier müssen wir deutlich unterscheiden. Frauen die sich im normalen Alltag treffen, die nicht, wie wir heute sagen „auf dem Weg sind", da gibt es auch oft Hemmschwellen schon bei einer Unterhaltung. Zwischen Kolleginnen am Arbeitsplatz oder in der Cafébar kann ein Gespräch auch flach und muss nicht tiefgreifend sein. Jedoch Frauengruppen die sich entfaltet haben, sind da schon deutlich lockerer. Frauen die sich selbst gefunden haben, ihren Körper und ihren Energieverlauf kennen und das mit ein bisschen Selbstbewusstsein und erkennbaren Zielen ins Leben bringen, haben es leichter. Und von Ihnen gibt es eine ganze Menge! Immer noch linsen viele von uns Männern insgeheim zu diesen Frauengruppen, weil da eine Offenheit herrscht, die uns Männern weitgehend fremd ist. Dort wird über alles und jeden gesprochen. Kein Thema ist Tabu wie Gefühle, Hingabe, Sexualität, Erfülltheit, Leben und Lieben. Alle Sorgen kommen auf den Tisch. Frauen sind in bestimmten Seminarkreisen immer in der Überzahl. Selbst Seminare, die in anderen Ländern laufen, die einen Kurzurlaub mit Flug und allem beinhalten, ob bei Körperarbeiten, Spiritualität, Künstlern und auch Sprachen, ist der prozentuale Anteil der Frauen höher.

Das ist bei uns Männern immer noch anders. Auf die Frage: „Wie geht es dir?" Kommt leider oft nur ein „Ja, muss" und nicht mehr. Um diesen Ausspruch zu

hören, muss man nicht mehr unbedingt im Ruhrgebiet wohnen.
Schaut man aber genau hin, dann haben viele Männer ein ähnliches Strickmuster, ähnliche Probleme, ähnliche Fragen, ähnliche Wünsche, ähnliche Unstrukturiertheit, ähnliche Unsicherheit und Begrenzungen. Identische Verhaltensweisen und Übereinstimmungen der Gedankenstrukturen bei gleichen Jahrgängen sind oft deutlich feststellbar. Ich war bei vielen Gesprächskreisen darüber sehr erstaunt. Und es war wieder mal völlig egal, ob sich Fliesenleger, Dachdecker oder Ingenieure treffen. Das hat wohl etwas mit dem momentanen Zeitgeist zu tun, der zu der Prägezeit der Männer gerade herrscht. Aber es gibt Licht am Ende des Tunnels! Wer sich erst einmal getraut hat und in einer solchen Erfahrungsgruppe von Männern ist und sich ein wenig einbringt, spürt eine deutliche Veränderung.
Du bist auf einem neuen Weg! Du fühlst, dass es „leichter" sein kann. Wenn wir es uns leichter wünschen, bekommen wir es auch leichter! „Der Weg ist auch hier das Ziel!" Mach Dich auf die Socken!
Der Wandel des modernen Mannes fängt mit der ehrlichen Bestimmung seines eigenen Standortes und der Überprüfung seiner Denkmuster an. Dann kann der „Mann" von sich aus noch ein bisschen Mut dazu geben, etwas zuzulassen, in Ruhe zuhören lernen, echte Gefühle zeigen und eigene Visionen erarbeiten und diese später leben! So einfach könnte man Mann werden. Nach dem anderen neuen Motto: Wenn ein Mann mal rückwärts geht, macht er das nur, um Anlauf zu nehmen, damit er seine erkannten Probleme schneller, zielstrebiger und aggressiver angeht und sie löst!
Eine eigene Analyse gestärkt durch professionelle Gesprächsunterstützung.
Schmerz und Gefühlsverdrängung hat für uns Männer immer schon einen besonderen Stellenwert gehabt, weil Schmerzverleugnung und Einsamkeit genau das ist, was uns seit je her in unserem eigenen inneren Gefängnis hält. In den schlimmsten Kriegszeiten der Vergangenheit, hat es oft bei ganz vielen Männern nicht nur Schmerzverleugnung, leider auch in extremen Situationen Selbstverleugnung gegeben. Spätestens dann, wenn „Mann" auf den zerschossenen Eingeweiden sterbender Kameraden im Kriegseinsatz ausgerutscht ist.
Es gibt eine Menge unumstößlicher Beweise dafür, dass Männer und hier können wir die Frauen auf keinen Fall ausschließen, in den letzten 100 Jahren sehr oft zutiefst gelitten haben!
Doch das sollten wir wissen: Verletzte und gekränkte Männer, egal was sie ge-

lernt haben, neigen seit jeher dazu, auch anderen Menschen Leid zuzufügen. Wer schwerwiegende Tragödien erlebt hat, braucht lange, um selbst zu vergessen. Verarbeiten können die meisten Männer diese negative Zeit nie, weil sie nicht gewillt sind, über diese Dinge überhaupt zu reden. Ich wünsche mir trotzdem, dass noch viele Männer über diese, für sie schlimme Zeit reden, um sich selbst zu befreien. Sei es nur, dass sie im Frieden mit sich selbst irgendwann glücklich sterben können. Sie wären aber auch ein mahnendes Vorbild für die heutige Generation werdender Männer. Denn viele driften, von unserer Wohlstandsgesellschaft geprägt, oder als „Mitesser" sich treiben lassend, schon wieder in eine Richtung ab, die unserer Gesellschaft und unseren Werten nicht gut tut! Wir alle dürfen dabei nicht stillhalten. „Hinsehen, werten und den Mund aufreißen" ist hier und jetzt dringend gefragt.

MEIN
letzter
WILLE
ICH sollte
ICH müsste
ICH könnte anfangen

Wie war das? Alle Neune? Nein, 10 Richtige!

Theoretisch gibt es zehn Schritte zur Entwicklung einer eigenen Männlichkeit. (Die Zahl Zehn ist wegen der Einprägsamkeit gewählt worden, weil man sich diese Zahl durch unsere christlichen 10 Gebote leichter merken kann. Bei der Auswahl der Kriterien hatte ich über 24, mehr oder weniger wichtige zur Verfügung und habe diese auf zehn Elemente reduziert. Ich habe die Sie-Form gewählt).

1. Setzen Sie sich selbst erreichbare Ziele. Haben Sie eine eigene Vision Ihres Lebens und leben Sie nicht in der Vergangenheit oder in der Zukunft. Es gibt nur „Hier und Jetzt". Nichts anderes! Das ist entscheidend wichtig!
2. Lieben Sie sich selbst, denn nur wer sich selber akzeptiert, sich mag, kann zu anderen Menschen eine vertrauensvolle und liebevolle, intensive Beziehung aufbauen. Das ist leichter gesagt als getan. Über Sex reden ist oberflächlich leicht. Über wirklichen Sex und seine mechanischen Abläufe und über Zufriedenheit oder auch Unzufriedenheit zu reden, ist für manche schon schwieriger. Über Spiritualität, spürbare Energie, tiefe Gefühle oder gar Liebe zu reden, schon eine Kunst. Jeder von uns kann alles. Sie müssen sich nur trauen!!
3. Befreien Sie sich aus der männlichen Isolation von Einsamkeit und immer wiederkehrendem Wettbewerbsdenken sowie der oft lebenslangen emotionalen Unsicherheit.
4. Kommen Sie mit Ihrem Vater und Ihren Ahnen ins Reine und ehren Sie diese! (Zumindest werten Sie Ihr Leben positiv, denn ohne sie wären Sie nicht hier)! Das hört sich leicht an, ist aber oft mit Groll, manchmal auch mit Hass verbunden. Aber, ohne sich die Geschichte unserer Eltern und weiteren Ahnen anzusehen, geht es nicht positiv weiter. Wir können auf Dauer nicht glücklich werden. Bert Hellinger ist für die, die eine Lösung suchen, der absolute Spezialist. Familienaufstellungen sind eins der effektivsten Methoden, seine Gefühle aber auch seine Verbindung und Verstrickungen mit den Ahnen kennen zu lernen, um ein klärendes Bild zu bekommen. Es entsteht eine Erkenntnis und dann kann jeder für sich daraus etwas Positives ziehen.
5. Entdecken Sie die heilige und veränderbare Dimension Ihrer Sexualität. Hören Sie auf Ihr Herz und seien Sie lebendig! Hören Sie auf sich selbst und lauschen dabei auch Ihrer Partnerin.
6. Suchen Sie sich eine Arbeit, hinter der Sie voll und ganz stehen, die Sie

erfüllt und bei der Sie nach noch mehr Zufriedenheit und Entfaltung am Arbeitsplatz erfahren! Unser Arbeitsplatz sollte mehr sein, als nur ein Ort, an dem eine Tätigkeit verrichtet wird.

7. Beteiligen Sie sich aktiv an der Erziehung Ihrer Kinder. Trauen Sie sich mit Ihren Kindern zu spielen. Es macht vor allem Spaß und heilt Sie selbst. Lernen Sie Konsequent-sein in einer neuen Dimension kennen.
8. Nehmen Sie Ihre Partnerin als ebenbürtige Person liebevoll an. Betrachten Sie sie nicht als Konkurrentin.
9. Lernen Sie echte, innige Männerfreundschaften kennen und versuchen Sie diese zu pflegen. Lernen Sie mit anderen Visionen zu entwickeln und zu leben. Seien Sie mit Ihrem Herzen und beiden Gehirnhälften dabei.
10. Bauen Sie für sich ein virtuelles Haus mit festen Mauern und vielen Zimmern, Zimmern aus ethischen Grundsätzen, aus dem Verständnis für Andere, aus Christlichem Glauben und aus Großzügigkeit. Haben Sie viel Liebe im Herzen und streben Sie nach einem Gemeinschaftssinn aller Menschen. Entwickeln Sie viel Zivilcourage für Ihr eigenes Umfeld, in dem Sie leben. Versuchen Sie, als Mann, der seine eigenen Prinzipien hat und zugleich die der anderen toleriert, zu leben!

„Wichtiges“ zum allgemeinen Verständnis!

Der „Männergott" oder die Zufriedenheit eines Mannes lebt nicht im Einfamilienhaus, in Neubausiedlungen oder luxuriösen Bürotürmen. Innere Stabilität, Zufriedenheit, Gelassenheit und Herzensglück sowie eine gute Portion Lebendigkeit, hat nichts, oder nur sehr wenig mit viel Knete oder anderen Besitztümern zu tun.
Wir sind für uns selbst zuständig. Der alte Spruch „Jeder ist seines Glückes Schmied", hat mich persönlich immer genervt, weil irgendjemand aus meinem und wahrscheinlich auch aus Eurem Umfeld den so ohne Hintergrunderklärung einfach in den Raum geworfen hat. Keiner hat begründet erklärt, was eigentlich hinter diesem Spruch steht.
Wichtiger und interessanter ist der Satz: „Das Leben sind nicht die Momente, in denen wir atmen, es sind die Momente die uns den Atem rauben!"
In mir ist über viele Jahre eine Erkenntnis gereift. Das eigentliche wertvolle im Leben hat fast immer etwas mit Emotionen, auch mit tiefen Gefühlen zu tun. Gefühle, an denen man teilhat, die einem geschenkt werden oder die man Anderen schenken konnte. Das ist irgendwann die Essenz, das Fazit, das einem im Gedächtnis haften bleibt und als Erfolg, Glück und Ergebnis fürs eigene Leben gewertet wird.
Es ist eine wichtige Kernaussage, dass Jeder für sein eigenes Glück verantwortlich ist. Die Länge unseres Lebens können wir nicht selbst bestimmen, sehr wohl hingegen den Tiefgang! Warten Sie nicht immer auf andere oder drohen gar mit der angewöhnten Hirnwichserei, dass jemand anderes dafür zuständig ist, Sie glücklich zu machen. Das stimmt nicht!
Die Aussage „Ich hatte eine schwere Jugend" gilt nicht ein Leben lang. Jeder muss selbst aus dem Quark kommen! Spätestens ab vierzig, ist wirklich jeder Mann absolut für sich selbst und sein Umfeld, seine Gedanken und sein Handeln voll verantwortlich. Da hilft dann kein Jammern mehr. Ab da heißt es, alleine handeln und dazu auch zu stehen.
Nur wir selbst sind für unseren Geist, für unseren Körper und für alle Verhaltensweisen und auch für die Entwicklung, die wir durchmachen, allein verantwortlich.
Es folgt eine Übung die für jeden, der sie macht, von anhaltender Bedeutung sein wird. Viel Spaß.

Übung:

Stellen Sie sich in Ihrem Sonntags-ausgeh-Anzug vor einen Spiegel und schauen sie sich an. Nehmen Sie sich viel Zeit dafür. Das ist Ihr Werk, das Sie selbst erschaffen haben. Sie selbst haben das alles was sie im Spiegel sehen, selbst kreiert und entworfen. Als Sie ein kleines Baby waren, hatte dieses Kind einen makellosen Körper. Schauen Sie genau hin, was Sie daraus gemacht haben. Sie sind der Architekt, der Künstler dieses Bildes, das sie sich gerade ansehen.

Das sind Sie persönlich! Wer sich traut, also für besonders Mutige, der kann sich auch nackig vor den Spiegel stellen. „O Gott", werden jetzt viele sagen. Und das ist noch ein harmloser Ausspruch. Aber sehen Sie das doch mal positiv.

Lachen Sie und freuen Sie sich, dass sie so etwas Nettes und Freundliches aus dem Spiegel heraus anschaut!! Viel Spaß!!

P.S.: Das positivste an der Sache ist auch, Sie leben noch und sind gesund, selbst wenn Sie gesundheitliche Einschränkungen haben. Sehen sie sich an! Sie sind hier! Nehmen Sie sich so an, wie Sie sich sehen. Allein das ist schon ein phantastischer Grund, sich zu freuen. Sie haben das sich-freuen-können und mit-sich-zufrieden-sein nur verlernt. Bis hierher haben Sie es geschafft. Klopfen Sie sich dafür bitte mal auf Ihre Schultern. Aber bitte so fest, dass sie die nächste halbe Stunde spüren, dass es sie gibt. Die Wärme des eigenen Ritterschlages soll lange zu spüren sein. Bitte dabei freundlich und zufrieden lächeln!! Wenn Sie es schaffen, in der halben Stunde in der Sie die Wärme Ihres eigenen Schlages spüren glücklich zu sein, haben Sie etwas geschaffen das Ihnen lange, sehr lange gut tun wird. Denn der Trick ist, wer es eine halbe Stunde schafft sich innerlich glücklich zu fühlen und das ohne Einschränkung, kann immer weiter mit erhobener Brust und gelassen durchs Leben gehen. Wenn wir uns selber akzeptieren, uns gut zu finden lernen, uns wie die Psychos sagen „selber lieben", können wir glücklich sein!

Wer diese Übung hinter sich hat, kann sofort zu einer Meditation übergehen. Denken Sie einfach über sich und Ihr Leben in innerer Ruhe eine halbe Stunde nach, ohne Musik, ohne störende Geräusche. Am besten sonntags morgens um sechs Uhr bei aufgehender Sonne auf einer Lichtung am Wald.

PS: Spüren Sie das tolle Gefühl und eine Ruhe, die Sie sonst nicht kennen. Ich verspreche es!

Frauen und Männer müssen gemeinsam endlich jene alten, seit Generationen anhängenden Zöpfe abschneiden, die viele von uns mit sich als Erbe aus alten Denkmustern herumschleppen.

Die These, dass Frauen und Männer sich nicht „Grün" sein können, möchte ich widerlegen.

Wir sollten miteinander ringen und uns neu dabei entdecken, neue Erfahrungen miteinander machen, die uns gemeinsam glücklicher und erfüllter Leben lassen. Wenn uns das gelingt, hätten wir es mit weniger Krankheiten in jeglicher Form zu tun. Es lohnt sich, da mal genauer hinzuschauen und eröffnet ein riesen Spektrum wichtiger Informationen. Dies birgt unendlich viel Veränderungspotential in sich, ein riesen Feld an Sorgen und Ängsten kann sich lösen. Eine Aussage ist hier zutreffend. Jeder Krankheit geht eine psychische Fehlverhaltensweise oder Fehleinstellung voraus!

Das Thema der Beweggründe und auslösenden Faktoren möchte ich in einem anderen Buch später genauer erforschen.

Was die Frauenbewegung noch nicht begriffen hat, ist, dass sich sehr oft hinter den lauten Äußerungen der Männer in Wahrheit ein tiefes Gefühl der Unsicherheit verbirgt.

Männer sind saumäßig (bullenmäßig) stark!

Zu oft waren und sind auch heute noch Männer nichts anderes als ein unbedeutendes Rädchen im Spiel der großen Konzerne und Mächte. Sie hatten und haben häufig keinen Spaß an ihrem Job. Viele Männer konnten sich das früher nicht aussuchen. Sie wurden einfach dorthin befohlen und mussten täglich 12-16 Stunden schuften! Das traf und trifft auch heute einen Mann bis tief ins Mark, wenn er im Job unzufrieden ist. Eine Bemerkung, welche viel Wahres in sich hat: „zufriedene Arbeit ist versteckte Liebe". Ich selber kenne durch meinen Beruf hunderte von Männern in zig verschiedenen Firmen, die alle einen perfekten, zufriedenen Job machen.
Diese sind nicht nur pünktlich, drahtig, konzentriert, sondern auch hilfsbereit. Sie gehen in ihrem Job regelrecht auf und versuchen das Beste für ihr Unternehmen herauszuholen. Man kann stolz sein, wenn man solche Männer kennt. Sicherlich sind diese Menschen auch privat nicht unzufrieden. Sie machen und bewegen etwas und sind mit sich zufrieden. Menschen, die eine positive Ausstrahlung haben, eine Beziehung leben, eine Familie haben, sich in Vereinen, Sportgruppen und am Arbeitsplatz aktiv einbringen, können nicht automatisch unglücklich sein. Wer dann nicht jeden Abend biertrinkend, im Wohnbeutel / (Trainingsanzug) vorm Fernseher hockt, hat die besten Chancen, erfolgreich und zufrieden im Leben zu stehen.
Aber außer diesen gibt es in der heutigen Zeit so erschreckend viele, die mit ihrem Job nicht hundert prozentig zufrieden sind? Ist die allgemeine Unzufriedenheit der Mitarbeiter gestiegen oder ist das betriebliche Umfeld nicht mehr in Ordnung? Die Erwartungshaltung vieler Beschäftigten hat sich in den letzten Jahren gewandelt. Diese Erwartungshaltung in der Arbeitswelt ist ein Topf, in den ich verschiedene Gefühle und Emotionen hinein werfe. Nicht erteilte oder unkonkrete Anweisungen zum Ablauf des Arbeitsprozesses führen zur Verwirrung. Fehlender Lob und fehlende persönliche Anerkennung und eigene erlebte Zurückweisungen verstärken diese Haltung. Nicht ernst genommen und nicht verstanden zu werden, verursachen tief verletzende Gefühle. Nicht zuletzt führen Strukturfehler und auch Führungsfehler zur bekannten inneren Kündigung.
Zudem bekommen wir auch durch Medien und von Interessenvertretern, hier besonders durch die durchgeknallten Mitglieder dieser Szene, eine negative Grundhaltung zur Arbeit suggeriert und vermittelt. Die Vermittlung und Suggestionen gehen soweit, dass es nur noch Häuptlinge geben soll und dass mit

einem Indianerleben sich keiner mehr zufrieden geben muss. Es gibt auch zu viele schlechte Vorbilder, oder männliche Leitbilder in den Führungsetagen. Das Theater mit den Banken und deren führungs- und grenzenloser Gier Philosophie, haben wir ja sehr leidvoll in den letzten Monaten, selbst alle deutlich zu spüren bekommen. Nur die Verlierer durch den Gehirnfurz einiger weniger ausgelöst und oft durch Gremien wie Aufsichtsrat und Vorstand zugelassen, sind wir alle zusammen. Die einen haben Geld verloren und die anderen die Anerkennung. Auch hier mussten wieder die „Guten im Markt" wegen „der paar" nicht so Guten leiden.
Es ist uns allen dringend zu wünschen das wenigstens alle Beteiligten der Szene aus der leidvollen Situation etwas für das Verhalten in der Zukunft lernen. Den festen Glauben daran habe ich, wenn ich manche Reportagen sehe und das Verhalten einige Monate später betrachte, nicht immer. Das Verhalten und die Zustimmung, ja die Bereitschaft zur freiwilligen Leistungserbringung für den Brötchengeber und auch für den Erhalt des Arbeitsplatzes hat sich nicht entsprechend weiterentwickelt, es hat sich moralisch zurückentwickelt: „Wessen Brot ich esse, dessen Lied ich singe!" hat es einmal geheißen. Für den Zusammenhalt und die daraus entstandene Arbeitsmoral und auch für das Entwicklungspotential der gesellschaftlichen Stellung war und ist das gut. Nur wie immer im Leben ist das auch hier so, wo eine Entwicklung stattfindet, da gibt es auch Neider und Mitesser die auch etwas vom Kuchen mithaben wollen, ohne sich den Arsch dafür aufzureißen. So entsteht immer nur ein Mix an Leistung und Erfolg. Und der ist in den meisten Fällen noch ungerecht verteilt und schlecht und ungerecht zu bewerten. Männer wo seid Ihr?
Hinzu kommt auch heute eine unterschwellig spürbare Unsicherheit am Arbeitsplatz angesichts der in unseren Köpfen noch vorherrschenden Meinung, über die Vorteile des weiblichen Geschlechts: Die Sinnlichkeit vieler Frauen, ihre verbale Ausdrucksfähigkeit, ihre Einsatzbereitschaft und andere positiven Fähigkeiten. Seit jeher fürchten wir Männer diese Fähigkeiten der Frauen. Seit jeher reagieren Männer manchmal biestig und unbeherrscht, auf das Eingreifen und ständige „Steuern wollen" der Frauen.
Frauen ticken anders, denken und reagieren anders als wir! Wir Männer könnten damit locker fertig werden. Wir brauchen uns nur zu trauen! Aus eigener Erfahrung und von einigen netten Menschen bestätigt möchte ich noch beitragen, in gemischten Gruppen hat man nicht immer den Eindruck,

dass Männer zurückhaltend sind. Verbal sag ich mal, sind sie oft „mittendrin", jedoch in tief greifenden oder gar psychologisch geleiteten Runden ist eine erschreckende Zurückhaltung bis Introvertiertheit zu spüren. Da sind es teilweise die mutigen, weiterblickenden Frauen die den Ton angeben.

Mein Wunsch an die Männer

Das sollte nicht länger so bleiben. Wir Männer sollten uns in der Zielstrebigkeit, dem Verhalten und in der Liebe üben, wir sollten uns etwas Neues trauen und nicht versuchen, die Eigenschaften, die uns eifersüchtig im Umgang mit Frauen machen, in ihnen auszulöschen!
Wir können dem „Gerangel" mit den Frauen nicht entfliehen. Der Versuch, Frauen gänzlich verändern zu wollen wird immer fehlschlagen, weil es weder den Frauen noch den Männern eine Entwicklung bringt. Wir können sie nur mit mehr Offenheit, Humor, klaren Gedanken und einer Vision unseres Lebens, mit einer Struktur unseres Seins, sowie unserer Liebe zu ihnen begeistern. Wenn wir Männer es mit unserer Lust und unserem Einfühlungsvermögen schaffen, beim intensiven Energieaustausch die Frauen in ihre Hingabe zu bringen, werden wir erfolgreich und glücklich sein. Dazu müssen wir uns etwas zurücknehmen und das Wort „Zielgerichtet" neu definieren!
Was ist mit „alten Männchen"?
Gemeint sind ältere Männer. Die Definition ist waghalsig, weil Männer sind schlecht einzuschätzen. Ein alter Mann ist nicht jeder, der rechnerisch die sechzig Jahre überschritten hat. Das kann man so nicht stehen lassen. Es gibt vierzig- bis fünfzigjährige, die eine Ausstrahlung wie über siebzig haben und umgekehrt. Gemeint sind Männer, wo man deutlich merkt, dass der Schwung in der Beziehung, die Lebendigkeit und die Spontanität nachgelassen hat.
„Alte Männer" darüber beklagen sich viele in der Gesellschaft, werden mit zunehmenden Jahren oft milder. Warum das so ist, vermag ich auch nicht zu sagen.
Ob es hormonelle Veränderungen sind (Reduzierung der Testosteron Produktion) oder ein Nachgeben der immer wiederkehrenden Frauenversuche, alles steuern zu wollen, das ist noch nicht endgültig bekannt. Bekannt ist aber, dass den Männern dieses Verhalten für ihre Beziehungen nicht gut bekommt. Und wenn den Männern der maskuline Anteil fehlt, ist das auch für die Frauen nicht erfreulich. Die Rate der Männer, die im Alter mit ihrer Partnerin nicht mehr auf gleicher Frequenz sind, ist extrem hoch. Wahrscheinlich geht es den Frauen auch nicht viel besser. Hier droht Gefahr! Wir Männer sollten dringend üben, Gefühle zuzulassen und uns mal was Neues trauen. Nicht nur im Bett, sondern im ganz normalen Umgang, im ganz normalen Leben. Das bewegt und verbindet gewaltig viel im Zusammenspiel der Partner. Wenn es dann aber mal, auch in einer alten Beziehung, oder auch ohne Beziehung, um das

Verteilen von Zärtlichkeit geht, dann stell dich als „Mann" mit in die Reihe, das du auch dran kommst. Lass deine alten Zweifel und Zurückhaltung hier jetzt mal fallen und trau dich mal „hier bin ich" zu rufen. Nur so wirst du wirklich frei.
Bei der bevorstehenden Männerbewegung geht es hauptsächlich darum, Männlichkeit als positive, lebensbejahende, innovative, maskuline Kraft zu erkennen und sie als solches zu fördern. Das neue Männerbild soll Platz für Offenheit, Ehrlichkeit, ethische Denkweisen, christliche und andere Glaubensdenkweisen und Einstellungen, soziale Gerechtigkeit und für eine freie und von Herzen gelebte, energiegeladene Sexualität haben.

Grundsätzliches dem wir machtlos ausgeliefert sind! Beziehungsgeflecht Vater-Sohn Konflikte.

Dafür müssen wir wissen:
Unser Vater ist und bleibt der Mensch, der jedem als erstes und am nachdrücklichsten beigebracht haben sollte, was es heißt, ein „Mann" zu sein. Manchmal und bei vielen von uns hat er dies getan, indem er nur schlicht Dein Vater gewesen ist. Mehr nicht! Ob es Dir gefällt oder nicht, er sitzt ein Leben lang in Deinem Kopf, Deinen Gliedern, Deinen Nerven und in Deinem Verhalten. Das ist unantastbar. Dieses väterliche Erbe schwebt zwischen den Extremen. Es besteht teilweise aus wertlosem Müll und kostbaren noch zu bergenden Schätzen. Solange wir nicht daran gehen, diese Dinge für uns brauchbar zu sortieren und zu nutzen, werden wir nie wissen, was was ist! Jeder der sich an diese Arbeit macht sollte ohne quälende Vorurteile sein. Denn nur wer frei von negativen Denkweisen und Vorverurteilungen ist, kann sich an das auswerten der väterlichen Informationen machen. Und sehr viele Menschen stellen dann, wenn man den Vater mal in das richtige ihm zustehende Licht setzt fest, das sich eine gigantische Quelle an Lebensweisheiten auftut, die man sehr wohl für sich und sein weiteres Leben nutzen kann.
Eine deutlich spürbare Bestätigung dieser These bekam ich verstärkt im Kreis von über 35 Männern, auf einem Jahreswechsel-Seminar. So eindrucksvoll und offen, wie diese Männer ihr Leben und ihre Probleme dargestellt haben, habe ich es lange nicht erlebt. Fazit des Seminars war jedenfalls: Fast alle Männer haben mit dem Zusammenleben und der fehlenden Anerkennung und Segnung durch ihren Vater, ein Riesenproblem. Männer die weit über sechzig Jahre waren, gleichzeitig mit Männern unter zwanzig vermissen die Wärme und die spürbare physische Körperlichkeit des Vaters sehr. Viele Väter haben ihre Kinder ihr ganzes Leben nur als Blage oder unreife Kinder angesehen. Väter die den Zeitpunkt der liebevollen und verständnisvollen Begleitung (bevattern) ihrer werdenden Männer ins Leben verpasst haben, gibt es zu tausenden. Wir alle haben auf diesem Seminar überdeutlich gespürt, dass durch die Anerkennung des Vaters eine eigene Heilung möglich war. Wir, die Gruppe von Männern, haben die extremen Problemfälle der Teilnehmer einen Brief an Ihren Vater schreiben lassen, indem sie sich so richtig über Ihn ausgekotzt haben. Diesen Brief haben die Männer nochmal vorgelesen und sind dann in das Gefühl dazu gegangen. Diese aufkommenden Gefühle, auch wenn es extrem schwer war, dann mit Liebe ziehen lassen zu können, war der Beginn der Heilung für diese Männer. Aus mutierten Weicheiern und

dafür haben sich einige Teilnehmer selber gehalten, wurden in ein paar Tagen interessierte, besser im Leben stehende Männer. Auch wenn das für uns alle mit einigen Tränen und viel Schreien verbunden war. Das war auch für mich eine Erkenntnis, die ich in meinem Leben nie mehr vergessen kann. Und auch hier war es völlig gleich aus welchem geistigen Milieu die Männer gekommen waren. Alle Berufsgruppen waren vertreten und alle, das kann ich versichern, hatten bei der Verabschiedung mehr, als nur Tränen in den Augen.
Die Männer unserer Gesellschaft die einfach nur vor sich hin leben, die nicht suchen, nicht aus dem Kreuz kommen, die von all der Entwicklung des eigenen Seins nichts wissen wollen, leben in einem beängstigenden, sexuell und beruflich unzufriedenen Nebel. Sie versuchen sich unentwegt, mehr funktionell, aber neutral zu verhalten. Doch so sehr sie sich auch bemühen werden, sie verlieren zu sich selber, zu ihrem eigenen Körper, zu ihren eigenen Gefühlen oft immer mehr den intensiven Kontakt.
Ich möchte an dieser Stelle keine Übung. Das Spektrum das aus diesen Themen hervorgeht ist riesengroß. Hier kann nur jeder für sich eine Tabelle machen und sich seine, vielleicht bei einer kurzen Meditation, festgestellte Punkte eintragen. Das Thema ist sehr umfassend und schwierig. Familienaufstellung kann hier eine heilsame Wirkung sein. Eine Aufstellung gibt immer eine neue Richtung einen Impuls an, welchen Weg Du ab da gehen wirst. Mit dem Schulnotenprinzip kann sich jeder einige Fragen über seine persönliche Verhaltensweise und Vorurteile zum eigenen Vater machen. Wie war die erlebte Entwicklung? Was habt ihr zusammen erlebt? Wie ist er mit Dir umgegangen wenn Du ihn dringend gebraucht hast? Bist Du heute zielgerichtet, innerlich gefestigt und kommst was Deine ureigenen Entscheidungen angeht aus dem Kreuz? Eine wichtige Frage kommt noch, denn hier werden ganz oft die größten Fehler gemacht: Stellst Du Dich aus Unwissenheit, Arroganz und Besserwisserei über Deinen Vater und schaust bildlich gesehen auf ihn herab? (Vorsicht Falle)
Nur der, der die eigenen Bedürfnisse und Wünsche wirklich erkennen lernt, sie leben will und sie auch bei dem Partner mit liebevollen Worten benennen und beschreiben kann und gleichzeitig seine Eltern in einem ehrenden Blickwinkel hat, kann Hoffnung haben, zu seiner eigenen vollen Zufriedenheit im Laufe seines Lebens zu finden.

Die durchaus interessante Alternative!

Die gesamte Branche der Prostituierten und der Sexfilm-Industrie lebt gut von der emotionalen Verarmung und der Unsicherheit vieler Männer. Von denen sich einige im Puff lieber vorgetäuschte, aber dennoch absolut geile und lustvoll vorgetragene reizvolle „Liebe" (Sex und oft nicht mehr) kaufen, als sich mit den Schwierigkeiten und der möglichen Erfüllung einer Beziehung intensiv auseinander zu setzen. Wir Männer müssen uns darüber klar werden, dass die sexuelle Attraktivität einer Frau nicht nur davon abhängt, wie eine Frau aussieht, sondern auch davon, wie wir sie und auch sie uns sehen will und wie unsere Energie im Gespräch und im Austausch mit ihr fließt. Viele von uns Männern behaupten ja zum Schutz und weil es ja so schön einfach ist, dass ihr „bestes Teil" einen eigenen Willen habe. Das entschuldigt viel von ihrem laschen, manchmal auch lockeren, jedoch sich nicht verpflichtendem Verhalten.
Doch sind (nur ein paar) solcher Männer Genies darin, sich vor irgendeiner Verantwortung im Umgang mit dem anderen Geschlecht oder auch nur der Mühe einer neuen Entdeckung zu drücken. Das wirkliche Leben funktioniert nicht, wie uns das manchmal im Fernsehen oder in anmachenden Porno-Filmen vorgegaukelt wird. Wer das glaubt, wird irgendwann feststellen, dass ihn das so nicht richtig, nicht rundherum glücklich macht. Ihm wird irgendwann etwas an seiner inneren absoluten Zufriedenheit, an seiner Ganzheit fehlen, weil er immer noch auf der Suche ist. Es gibt zu diesen Themen eine Menge an Experten, die auch viel dazu geschrieben haben. Ich selbst habe zum Thema Mann und Frau, neben verschiedenen Seminaren einen interessanten Kabarettisten aus Österreich gehört und gesehen. Bernhard Ludwig ist sein Name und das kann ich auch sagen, ich habe selten so viel gelacht und war voller Bewunderung. Der bringt es schön auf den „Punkt". Eine seine vielen Vorträge heißt: Anleitung zur sexuellen Unzufriedenheit. Das kann ich nur empfehlen, sich dafür zu interessieren. Nun zurück zu dem Gefühl eines Mannes, wenn er erkennt das die Suche nach der Intensität der Entdeckung, trotz vieler Versuche nicht erfolgreich war. Dieses Gefühl zu kennen macht irgendwie unzufrieden. Dieses Gefühl wirft einen Mann in die Einsamkeit zurück. Dieser Zustand lässt Männer schneller alt und oft leider krank werden. Dieser Zustand klaut uns unsere Lebendigkeit und frisst Ressourcen. Wonach Männer eigentlich suchen, werden viele in ihrer Zeit hier, nie mehr herausfinden. Weil vielen einfach der Mut und die Lockerheit dazu fehlt.
Interessantes? Das schon Freud wusste.

Anders ausgedrückt. Vorschläge zur gelungenen Paarbeziehung!

Nicht erfüllte Sexualität der Eltern, eigene in der Wachstumsphase erlebte Ablehnungen, kleinmachende und erniedrigende Redensweisen aus ihrer und unserer Vergangenheit, holen viele von uns auch hier wieder ein. Unabhängige und erfolgreiche Frauen beklagen sich, dass es lahmarschige nicht-aus-den-Puschen-kommende und phantasielose, angeblich zu Schwächlingen mutierte Männer gibt, die von vielen Frauen abgelehnt werden. Dann drehen die Frauen im täglichen Verhalten den Spieß ganz schnell um. Sie werden immer noch unzufriedener und nörgeliger und versuchen, die männliche, die maskuline Rolle in der Beziehung aktiv zu übernehmen. Hier ist für ganz viele Männer Gefahr im Verzuge! Frauen wollen am liebsten einen gleichstarken Partner um sich haben.
Es gibt viele Frauen, die wollen sich fair auseinandersetzen und nicht nur ausweichende oder hinhaltende und nicht ehrlich gemeinte Zustimmung erfahren. Sie sehnen sich nach einem Mann, der Entscheidungen trifft und sie wissen lässt, wenn sie einmal Unsinn machen. Einem Mann, der sowohl gefühlvoll und bei Berührungen sehr langsam, aber genauso spontan, spirituell und vor allem lebendig, mitreißend und begeisternd sein kann. Der sich Zeit für intensive Berührungen nimmt und sich in der Kunst des Verwöhnens und im Austausch von Energie auskennt. Jemand, der sie in ihren kleinen Wünschen immer wieder bestärkt. Kleine Wünsche haben Frauen zu hauf. Wir sollten nicht jedem Wunsch sofort ablehnend gegenüber stehen. Nicht immer ist der Wunsch einer Frau gleich Portemonnaie schrumpfend und zeitraubend. Oft ist es mit einem Lächeln, streicheln und einer zustimmenden Geste getan. Fordern Sie ihre Partnerin ab und zu spontan auf, sich mal sexy für Sie umzudirndeln. (auf nicht Bayrisch heißt das, sie soll sich mal in andere Klamotten schmeißen). Dann sagen Sie ihr aber auch, dass ihr das Outfit gut steht und dass sie „Klasse aussieht!" Ich darf nochmal Bernhard Ludwig zitieren der sagt, dass Frauen einen „Ohr-gasmus" haben wollen. Ins Ohr etwas Nettes flüstern ist die halbe Miete für einen schönen Abend, und auch für einen längeren Zeitraum, wenn es ehrlich und nachvollziehbar gesagt wird. Wenn ein Mann eine taffe Frau hat und er kommt nicht immer aus den Schuhen, so kann er sich auch für eine gewisse Zeit leiten lassen. Die beiden sollten sich zum sexuellen ausprobieren verabreden. Das hilft bei Beziehungsproblemen und langen schwunglosen Partnerschaften ungemein. Stunde, Minute, Ort genau festlegen, einen Raum sinnlich schmücken, für ausreichend Wärme sorgen und eine

reizvolle Atmosphäre schaffen. Accessoires und was Ihnen sonst noch einfällt, mutig besorgen gehen. Das gilt für alle Bereiche der Beziehung. Ob nach 25 Jahren, wenn die Silberhochzeit vorbei ist und man sich leider immer öfter nichts, oder nur noch wenig zu sagen hat. Das gilt für Paare, die sich nach dem verflixten 7. Jahr täglich anöden, aber auch für Singles, die nicht genau wissen, wie sie es für den heutigen bevorstehenden Abend anfangen sollen. „1001 Nacht voller Lebendigkeit"! Suchen Sie einen festen Termin zum sexuellen Ausprobieren und seien Sie dann bitte nicht zurückhaltend!

Testen Sie Ihre bisherigen Begrenzungen aus, überschreiten Sie Grenzen und versuchen Sie Ihre Träume endlich auszuleben. Das Wort „Geilheit" beschreibt wohl am treffendsten von allen Wörtern um dieses Thema diesen Zustand, diese Form der kribbelnden, lustvollen Erotik. Seien Sie geil, und ganz wichtig: „Formulieren Sie Ihre Wünsche so präzise wie es Ihnen möglich ist und tragen Sie diese Ihrer Partnerin vor. Trauen Sie sich an das lange, in vielen von uns Männern immer schwelende, hundertfache, ja tausendfach gedachte, oft geträumte Tabu-Thema endlich heran. Bringen Sie es liebevoll und mit netten Worten treffend auf den Punkt. Wahnsinnig! Dies wird Ihnen jeder Therapeut auch empfehlen. Das wichtigste, was ich persönlich aus Erfahrung noch beitragen kann, ist immer wieder: Reden, Reden, Reden.

Natürlich am besten miteinander! Wenn jetzt einige denken, schon wieder Sex, dann habt Ihr Euch nicht die Statistiken angesehen, wie oft Männer an so etwas denken. Im männlichen Körper ist die Testosteronmenge zigmal so hoch wie im weiblichen. Außerdem nehmen die für Sexualität zuständigen Zentren im männlichen Gehirn doppelt so viel Platz ein wie bei den Frauen. (Leider ist das nicht in allen Zentren so) Und hier ist es ebenfalls mal wieder völlig gleich, welcher Typ man ist, was ich beruflich mache und wie jeder im Leben steht. Bei diesem Thema gibt es unter Männern keine Unterschiede. Ein hoher Testosteronspiegel fördert das Entstehen bzw. die Steigerung von sexuellem Verlangen (Libido) und generell den Antrieb, die Ausdauer und die „Lebenslust" sowie alle dominanten und aggressiven Verhaltensweisen. Welche konstante Flut von sexuellen Fantasien das auslöst, können Frauen sich nicht annähernd vorstellen. Der weibliche Sexualtrieb ist durchschnittlich zwei Drittel schwächer als der männliche. Nach einer Studie denken 85 Prozent der Männer zwischen 20 und 30 alle 52 Sekunden an Sex. Jedenfalls statistisch gesehen. Selbst wenn es alle zwei bis drei Minuten nur stattfindet, ist der Wert extrem hoch. Frauen zwischen ein- und viermal am Tag." Studie hin, Studie her, dass wir Männer öfter an so etwas denken, steht jedenfalls fest. Aber, das Leben ist wie es ist, das Denken und das Träumen, hat mit dem „tun" jedoch nichts gemeinsam. Für manchen vielleicht einige Verbesserungsvorschläge! Es gibt in diesem Zusammenhang zwischen Mann und Frau also zwei Grundsätze, die jeder beachten muss. Wir sollen und werden miteinander streiten und diskutieren. Und wenn das passiert, ist es das wichtigste, dass Du Dir selber dabei treu bleibst, denn sonst ist Deine Nähe zu dem Partner nur eine Fassade. Doch wenn wir streiten, müssen wir uns selbst disziplinieren und den anderen stets respektvoll achten. Lasst Männer und Frauen endlich mit der verdammten Hirnwichserei und Rechthaberei aufhören. Dann macht das Zusammenleben Sinn und auch Spaß. So war's gemeint.

In der Ruhe liegt die „Mannes“ Kraft! Das lässt sich sehr gut mit einer Übung und Meditation verbinden.

Schaffe Dir als Mann einen Rückzugspunkt. Einen Raum nur für Dich allein: Egal ob im Keller, in der Scheune oder auf dem Dachboden. Es soll nur ein Ort sein, wo man sich zur Ruhe, zur Meditation und zum Sammeln zurückziehen kann. Gestalte diesen Raum selber. Lass Dir nicht und von niemand reinreden. Der Geist eines Mannes, die eigene innere Unruhe, muss eine heilende Heimstatt haben. Es ist völlig egal, ob Du Deine Musik mit einem alten Dual Plattenspieler, einer CD oder mit PC und I-Pod gestaltest. Du musst Dich nur mit dem, was Du hast, wohl fühlen. Du solltest damit zufrieden sein. Ob Du einen alten Stuhl zum Meditieren nimmst oder ein Sitzkissen, bleibt einzig und allein Deine Entscheidung! Die innere Ruhe finden und beherrschen lernen, das ist unser Thema!!

An dieser Stelle, wenn es um die innere Unruhe in einem Menschen geht, fällt mir immer meine persönliche Lieblingsmeditation ein. Mit einer Meditation kannst Du Dich, in einen für Dich angenehmen Zustand versetzten, ohne aus dem „normalen Leben" abzudriften.

Noch ein wichtiger Aspekt, jede Meditation ist in ihrer Kernüberlegung einzig und allein dafür erschaffen worden, einen Moment mal an nichts zu denken. Innerlich vollkommen zur Ruhe zu kommen. Das kann aber so gut wie niemand. Der Kopf hämmert immer und wir können ihn kaum beruhigen, noch weniger für kurze Zeit lahmlegen.

Diese uralte Atemmeditation wurde in den Neunzigern von dem kalifornischem Psychologen Jeru Kabal neu bearbeitet und bietet uns die Möglichkeit an, durch intensives Atmen eine Programmänderung von unserem inneren Denker vorzunehmen. Eine Erklärung warum und wie die Meditation wirkt kommt etwas später.

Übung des freien Atems!

Wir sind bei einer neuen Dimension der Meditation angekommen und können in der nächsten Übung feststellen was es heißt Atemübungen zu machen. Übrigens, diese Info vielleicht noch generell zum Meditieren: Unser Atem, das einzige Fahrzeug um in Dein tiefes Inneres zu kommen. Der Atem ist die einzige Möglichkeit Stimmungen, Beklemmungen und Gefühle zu beeinflussen und zu verändern. Keine Salbe, keine Spritze hat einen so tiefen durchschlagenden Erfolg als Dein eigener Atem. Bitte probiere mal alle Fassetten des Atmens aus!! Stoppen kannst Du Deinen Atem nicht. „Es atmet Dich" immer. Du brauchst beim Spielen mit der Luft und Deinen Gefühlen keine Hemmungen

zu haben. Du kennst Deinen Körper und daher auch Deine Grenzen. Probiere das am besten an einem Sonntagmorgen vor Sonnenaufgang auf einer Wiese an irgendeinem Berg, auf irgendeiner Bank, wo Du ungestört und allein bist, aus!
Wenn dann die Sonne aufgeht und Du Dich auf dieses Erlebnis einlassen kannst, spürst Du völlig neu, was es heißt „eine Gänsehaut" zu bekommen. Da erfährst Du mehr als das.
Nun zur eigentlichen Meditation in der Sie-Form:
Stellen Sie sich bitte einmal vor, Sie sind auf Ihrem täglichen Weg zu Ihrer Arbeit und plötzlich stehen einige wutschnaubende und feuerspuckende Drachen vor Ihnen und versperren ihnen den Weg. Dann müssen Sie wissen, wie man mit diesen Drachen kämpft. Wenn Sie wissen, wie man mit einem Drachen umgeht, können Sie gewinnen und haben dann mehr Selbstvertrauen. Wenn nicht, haben Sie ein Problem. Heute sagt man: die Arschkarte! Aber stellen wir uns jetzt einmal vor, dass alle Drachen, die vor Ihnen auftauchen, nur Phantasiedrachen sind. Es sind keine echten Drachen. In weit über neunzig Prozent aller Fälle in unserem Leben, haben wir es bei allen Problemen nur mit Phantasiedrachen unseres eigenen Denkens zu tun. In über neunzig Prozent aller Fälle spinnen wir uns in unserem Kopf etwas zusammen und halten das für ein echtes oft unüberwindbares Problem. Das Universum schlägt zurück. Nein, unser Denker, unser innerer Computer schlägt mal wieder zu!
Wenn wir alle mehr „im Hier und Jetzt" leben und fühlen würden, wenn wir mehr auf unser Herz, unseren Bauch, unser inneres Gefühl achten würden, könnten wir über unsere Drachenanfälle lachen und wir hätten viel weniger Probleme, am normalen Leben fröhlich und umfangreich teilzunehmen. Gedanklich verstrickt in der Vergangenheit zu leben ist Quatsch, denn das ist ja alles schon passiert und durch uns nicht mehr zu ändern! Zugegeben, wir alle kommen aus der Vergangenheit. Alle Prozesse, die jemals in uns abgelaufen und gespeichert worden sind, entstammen der Vergangenheit. Aber das heißt ja nicht, dass wir allen Dingen die wir, oder die Generation vor uns erlebt haben, ein Leben lang nachweinen sollen. In der Zukunft zu leben ist auch nur Spinnerei, denn die Zukunft kommt sowieso nicht! Und vor allem kommt sie nicht so, wie wir wollen und denken oder sie gerne haben möchten.
Sich seine Zukunft selber machen wollen ist was krasses, geiles, aber funktioniert nicht immer. An seiner Zukunft durch eigene Initiative beteiligt zu sein,

ist ein riesiger Erfolg und bedeutet, dass sich jemand einbringt und kreativ gestaltet. Vorsicht: „Hochmut und Übertreibung kommt bekanntlich vor dem Fall". Niemand von uns hat Einfluss auf die Länge, aber sehr wohl auf den Tiefgang seines Lebens!

Aber diejenigen, die immer damit beschäftigt sind, schon viele Tage vor der eigentlichen Party, zig Tage vor dem eigentlichen Termin, schon alles vorbereitet zu haben, alles machen, machen, machen zu müssen, sind gehetzte Menschen. Jede auch nur mögliche Situation die entstehen könnte im Vorfeld simulieren und auch dafür schon im Kopf womöglich Vorsorge zu treffen, sich aufopfern für andere, sich kümmern wollen und immer bereit sein wollen. Solche Menschen laufen irgendwann, wenn sie sich mal wieder voll abgehetzt haben, oder die volle Anerkennung ihres Partners und ihres Umfeldes nicht bekommen, in die große Gefahr schwer krank zu werden. „Du bist nicht perfekt". Das ist der Satz, der viele Menschen seit Generationen immer schon krank gemacht hat. Es gibt genügend Beispiele, wo eindeutig durch die Psyche durch die gerade beschriebene Verhaltensweise ein Krebs, eine MS, oder eine andere Immunerkrankung ausgelöst wurde. Magengeschwüre oder Herzbeklemmungen sind dann noch die harmlose Vorstufe, oder erst der Anfang eines sinnlosen und überflüssigen weiteren Werdegangs. Es gibt nur den jetzigen Moment, in dem wir alle leben. Die einzige Frage ist, und die darf sich jeder von uns immer wieder zur Kontrolle stellen, ob wir den Moment wahrnehmen können und wer und was wir in diesem Moment sind. Ob wir für den Moment bereit sind? Doch noch einmal zurück zu den Drachen und den Problemen tief in uns.

Der Erfolg der Meditation ist gegeben, wenn wir ca. dreißig bis sechzig Minuten wie es jeder kann, unterschiedlich schnell atmen, bekommt unser Körper mehr Sauerstoff, als er braucht. Dann kommen verschiedenste tief greifende Probleme oder Gefühle, die oft schon seit unserer Kindheit in uns schlummern, oder aber welche, die wir gestern erlebt haben, wie „Sprechblasen aus einem Komikheft" aus unserem Unterbewusstsein hoch. Wenn wir dann diesen Gefühlen, diesen Blockaden keine Energie geben, wenn wir uns gedanklich nicht damit beschäftigen, sie wie eine Wolke am Himmel weiter ziehen lassen, ist das eine Art Befehls-Aussage zum Unterbewusstsein „das ist nicht mehr wichtig" und die Probleme verschwinden aus unserem inneren Programm. Fazit: Man kann durch intensive, gezielte Atmung viele seiner alten, uns anhängenden Probleme über den Atem auflösen und sich für immer von dem „alten uns ständig beeinflussenden, bremsenden Ballast" in uns verabschieden. Es lohnt sich das auszuprobieren! Das hat bei manchen Teilnehmern in verschiedensten Seminarreihen nur so geknallt. Der Erfolg war verblüffend. Ich war persönlich bei einigen dabei, wo man das Feuerwerk der Veränderung förmlich blitzen und funkeln sah.

Ja, ich will das mit der Veränderung mal ausprobieren!

Leben Sie Ihr Leben als freier Mann, der sich weder durch Konventionen von außen, noch durch innere Feigheit oder fehlenden Mut gebunden fühlt!
„Wenn ein Mann etwas verändern möchte, wenn er etwas erleben möchte, was er noch nie erlebt hat, dann muss er auch etwas tun, was er noch nie getan hat". Dieser buddhistische Hinweis ist zwar uralt, hat aber noch nichts von seiner absoluten Wahrheit eingebüßt.
Es gibt Männer mit einer reinen maskulinen Einstellung. Das sind die beinharten Typen, die sich einen Weg, den sie im Leben gehen wollen, knallhart abmarschieren. Da soll bloß keiner kommen, sich bloß keiner trauen, die von ihrem Weg abbringen zu wollen. Der sieht anschließend schlecht aus. Diese Männer stehen dann vor der brutalen Entscheidung, ob ihnen ihre Beziehung wichtiger ist als ihre selbst auferlegte „Mission im Leben?"
Diese Frage haben sich schon viele Generationen von Männern gestellt. Die meisten versuchen trotzdem, einen Zwischenweg zu gehen: Von beidem etwas. Der Spagat zwischen liebevollem Denken und konsequentem maskulinem Handeln geht oft nicht auf. Wir können auch nur eine Sache zur selben Zeit. Eine perfekte Antwort darauf hat noch nie jemand gefunden. Nur wenn „Mann" auf dem Weg ist und Ziele hat, fällt es ihm leichter, als wenn keine Entscheidung getroffen wird und er immer nur herumhampelt. Eins finde ich, ist jedoch heute klar zu erkennen: Es ist an der Zeit, das Macho-Gehabe (also nur Rückgrat und kein Herz zu haben und das auch zu zeigen) – hinter sich zu lassen. Es ist aber genauso an der Zeit, sich schnell über den einfühlsamen Softie-Streicher, (nur Herz und kein Rückgrat) hinaus zu entwickeln!

Nun zu den „Blagen“, die wir doch so sehr lieben?

Bereits angesprochen wurde, dass Jugendgangs vor allem von Jungen gebildet werden, deren Väter entweder durch Abwesenheit glänzten, oder sich emotional aus der Familie entfernt haben. Und so bleibt den Jungen nur die Wahl, sich zu fügen, brav, ruhig und nicht aufsässig zu werden oder sich in negativ auftretenden Rebellengangs zum Selbstschutz zusammenzuschließen. Wenn sie sich zusammenschließen, soll die Stärke der Gemeinschaft die persönlichen Schwächen kompensieren. Die Jungen suchen in diesem schlechten eintönigen Umfeld die maskuline Energie, von der sie nicht einmal wissen, dass sie sie vermissen!

Das von den Jugendlichen selbst nicht durchschautes Verhalten der Gangmitglieder hat einzig und allein den Zweck, die Aufmerksamkeit erwachsener Männer zu erregen. Diese Dynamik war jedem guten Dorfpolizisten, als es sie noch gab, bekannt. Und gerade hier ist das Wort gefragt, was in Deutschland in den letzten Jahren, so scheint es, fast in Vergessenheit geraten ist. Zivilcourage! Falls wir hiervon genügend besitzen, dürfte es uns allen nicht schwer fallen, bei Überschreitungen direkt und spontan einzugreifen, und auch mal konsequent durchzugreifen. Eine persönliche Geschichte, die aber in einer ähnlichen Form tausendfach wandelbar ist und die von anderen schon Tausende male krasser erlebt wurde. Ich möchte eine kleine erlebte Geschichte hierzu erzählen, die mir spontan gerade einfällt. Sie ist keinesfalls repräsentativ für das jugendliche Verhalten, aber jeder von uns allen hat so was ähnliches garantiert schon mal erlebt. Ein junger Mann, der aus der Schule kommt, steht rauchend an einer Bushaltestelle und wartet. In der Zwischenzeit greift er in seine Tasche und holt einen Snack heraus und vertilgt diesen in wenigen Sekunden. Das Papier fällt auf den Boden. Dann holt er eine Apfelsine aus seiner Jackentasche. Er fängt an, diese zu schälen und obwohl der Abfalleimer einen Meter weit weg steht, wirft er Schale für Schale und auch seine Kippe vor sich auf die Straße. Zieht noch ein paar Mal hoch und rotzt noch einige Gelbe dazu. Beim hinsehen kann man schon einen dicken Hals kriegen.

Was kann man tun? Weitergehen ist die häufigste aber die schlechteste Reaktion. Auf den Jungen mit netten Worten einreden ist wahrscheinlich zwecklos. Den jungen Mann laut und bestimmend zurechtweisen und auf seine Fehler aufmerksam machen, könnte schon eher erfolgreich und sinnvoll sein. Über die Straße gehen, die Schalen selbst aufheben und in den Abfall werfen, das kann man tun, aber außer einem verächtlichen blöden

Grinsen und einer spöttischen Bemerkung mit Fingerzeig würde man auch nichts ernten und selbst frustriert von dannen schleichen. Über die Straße gehen und dem jungen Mann direkt einen auf die Omme hauen, hätte zumindest den Erfolg, wenn es denn überhaupt klappt, das man eine kräftige Bestätigung fürs eigene Ego etwas erreicht zu haben bekommt und vielleicht auch erzieherisch etwas verändert zu haben. Im Kollektiv mit einem eigenen Sympathisanten, oder zwei anderen, über die Straße zu gehen, den jungen Mann noch freundlich auffordern, sein Papier und seine Apfelsinenschalen bitte sofort und schnell aufzuheben und auch aufzuessen, ist eine weitere erfolgversprechende Lösung. Denn spätestens nach dem dritten Bissen denkt er garantiert über sein saublödes Verhalten nach. Und es wäre hier garantiert eine Veränderung erreicht worden. Jeder kann sich aus den Möglichkeiten etwas nehmen und versuchen, durch eine Handlung, wenn etwas Ähnliches vorfällt, eine bessere Welt zu schaffen. Es gibt auch noch einige andere Varianten, die erfolgversprechend sein könnten. Das Gedachte ist sicherlich nicht pädagogisch geprüft und bestätigt, aber wenn uns an allen Ecken und Kanten etwas stört, ist es wenigstens eine Möglichkeit der Veränderung, die auch funktioniert.
Klar, dass die Vertreter der Theorie „Gewaltfreie Kommunikation" hier am Rad drehen und verständlicher Weise Einspruch gegen diese Vorgehensweisen haben werden. Aber auch das Thema gibt eine schier unzählige Anzahl an Lösungen her. Mit dem Thema GFK, das in den letzten Jahren immer mehr von sich reden macht, kann sich ohnehin jeder in dieser Gesellschaft beschäftigen. Der Name ist falsch gewählt. Denn eigentlich geht es um Bedürfnisse, Bewertungen, Gefühle und Lösungsansätze, aus denen jeder etwas machen kann. Und überhaupt nicht um Gewalt und „Schnauze polieren", was der Titel vermuten lässt. Generell gesagt, bietet das GFK Feld humanere Vorgehensweisen bei Konflikten und ist für jeden Menschen hoch interessant. (Empathie) Sicherlich ist es immer situationsabhängig, ob überhaupt etwas geschieht. Das vorgetragene Beispiel ist wohl eine der harmlosesten Geschichten, die wir täglich draußen erleben. Es gibt jeden Tag tausendmal schlimmere und nervendere Szenarien. Natürlich sollte jeder, der sich mit solchen, ihm unbekannten Personen anlegt, immer auf Schützenhilfe achten. Wir haben vor kurzem in München sehr leidvoll erlebt, wie junge Menschen extrem reagieren können und zuschlagen. Aber es ist verdammt noch mal unsere Aufgabe, in

der Gesellschaft durchgeknallte Personen zurechtzuweisen und zu zügeln, bis sie sich angepasst geben. Alle unsere Zeitungen und Nachrichten sind leider täglich voll davon. Es geht nur darum, mit dem Finger auf Dinge zu zeigen, die passieren. Nur darum zu sehen, ob uns das was ausmacht, ob es Dich anpickt und ob Dich an solchen Reaktionen werdender Männer persönlich etwas stört. Nichts tun löst unsere Probleme garantiert auch nicht und macht Dich selbst auch nicht zufriedener. Die nächsten zwei Seiten des Textes sind ein bisschen Bild-Klischeehaft dargestellt. Etwas übergestülpt und auch nicht für viele zutreffend.

Es gibt eine Reihe von Jungen, denen es an väterlicher Zuwendung extrem fehlt, sie sind in einem gewissen Alter noch leicht zu erkennen. Der eine Typ neigt in seinem Umfeld zur Macho-Manie. Dieser junge Mann trägt aggressiv machende Kleidung, gammelt durchs Leben, tut cool und ist immer scheiße drauf, sammelt Gewaltspielzeug, sieht und liest harte Comics und spielt im Internet Gewaltspiele. Manchmal trägt und benutzt er Waffen und neigt zum Zerstörungswahn. Er akzeptiert gesellschaftliche Normen und Werte so gut wie nicht!

Der andere extreme Typ ist das ehemalige Muttersöhnchen. Er ist depressiver und kann früher ein Bettnässer gewesen sein, dieser wird von seinen Mitschülern immer gerne gehänselt, hat Angst vor allem Neuen und vor jeglicher Herausforderung und Verantwortung. Er schießt emotional und verbal oft leicht und hinterlistig hoch wie das HB-Männchen aus der urgeschichtlichen Fernsehwerbung, vor allem ohne einen triftigen Grund zu haben. Beide Typen leiden unter extremem Vaterhunger. Und dann gibt es die riesige Menge an jungen Männern, die irgendwo dazwischen liegen. Die Anteile von beiden genannten Typen in sich tragen und diese je nach Clique und Umgang mal mehr, mal weniger herauslassen. Der amerikanische Spielzeughersteller Mattel hatte in den Siebzigern eine Wunschfamilie, eine so genannte Herzfamilie als Puppenfamilie auf den Markt gebracht. Vater, Mutter und zwei Kinder. Doch die Kinder, die die Marktakzeptanz testen sollten, legten jedes Mal die Vaterpuppe beiseite und spielten mit den anderen drei Puppen. Auf die Frage, warum sie die Vaterpuppe nicht nahmen, kam nur eine knappe Antwort. „Der ist ja auf der Arbeit" und sie ließen die Vaterpuppe links liegen. Mattel löste dann das Problem mit der Vaterpuppe. Sie bekam große Muskeln, einen Brustpanzer und eine Waffe und wurde separat mit großem Erfolg verkauft.

Viele von uns kennen den Anfang des Terminators und den weiteren Verlauf dieser Geschichte bis zum Internet mit den Play-Station und Spielkonsolen heute. Wie schon erwähnt, die Zahl der laschen Väter hat seit den siebziger Jahren erheblich zugenommen. Die (etwas weichen) Männer überlassen das Feld der Erziehung und der Entscheidungen leider zu oft komplett den Frauen. (Die auch oft überfordert sind). Das soll natürlich überhaupt nicht heißen, dass alle Männer aus den Siebzigern nur Weicheier sind. Sondern, es ist in der Zeit etwas mit unserer Gesellschaft und ihrer Einstellung zum sozialen Verhalten passiert, was uns geprägt hat. Selbst Winnetou hat uns anscheinend nicht auf den richtigen Weg gebracht. Denn genau zu dieser Zeit haben sich alle, ja ich glaube man kann sagen alle, die Bücher und Filme mit Begeisterung reingezogen. Erinnern wir uns an die Zeit, die wahrscheinlich einen Umbruch gebracht hat.

Die 68er

1968 – war das Jahr, da versuchte eine befreite, entfesselte Jugend die morsche Moral der deutschen Nachkriegsgesellschaft vom Sockel zu stürzen, tobte darüber hinweg und trat alles in den Staub, was seit Jahrzehnten als höchste Tugend gegolten hatte: keusche Enthaltsamkeit, sittsam und bescheiden sein, fromm sein und ergebener Gehorsam und untertänigster Respekt vor Gesetz und Obrigkeit. Frech und fröhlich gingen diese jungen Menschen daran, ihre „neue Welt" aufzubauen, ihr eigenes Leben zu leben, ihre eigene Moral zu finden.
Mehr als eine Generation ist es her, dass die letzte große Kulturrevolution die westliche Welt durchfuhr wie ein Wirbelsturm. Es war eine Jugendrevolte; sie richtete sich gegen das Alte und die Alten, gegen das Bewährte und falsch Bewahrte, gegen das Bestehende. Die „68er" Revolte erfasste alle Bereiche des Denkens und Lebens. Die Philosophie mit der kritischen Theorie und dem Neomarxismus. Die Mode mit Jeanshosen, Langhaarfrisur und Minirock. Auch und besonders das Lebensgefühl des Aussteigens und des Tabubrechens. Drogenkonsum, freier Sex und die neue Form von Wohngemeinschaften mit antiautoritärer Erziehung. Vor allem aber die Popkultur und Popmusik. „68 ist ein Mythos" geworden: Das war der Anbruch einer ganz neuen Zeit, mit einem neuen veränderten Menschenbild sollte es weitergehen. Es ging um den freien, selbst bestimmten Menschen, der sich nicht mehr von oben verwalten und durch Angst manipulieren lässt, sondern sich eine andere, freiheitlich demokratische Welt schafft, damit er seine Persönlichkeit frei entfalten kann. Das war auch der „Cut" von der Familie weg. Allein, oder mit Frau und Kindern, so sollte die neue Familie aussehen. Einer der Grundgedanken war, wenn wir als verliebtes Paar aus der herkömmlichen Familie aussteigen, können wir uns ganz unserem verliebt sein zu zweit hingeben. Hauptsache erstmal weg von allem, was in der Vergangenheit mit Einflussnahme und Druck zu tun hatte. Was immer auch alles damit gemeint war. So ganz genau wussten die das damals auch noch nicht. Denn es hatte ja so etwas noch nie vorher gegeben. Der Haupttenor sollte einfach nur eine Veränderung sein. Wohin das genau führte, war keinem bekannt und was für Konsequenzen daraus entstehen würde, war keinem zu dem Zeitpunkt wirklich bewusst. Es hat eine Veränderung durch diese Revolution gegeben, die ging auch in die richtige Richtung, aber sie wurde auch nicht konsequent genug durchdacht. Denn zehn bis zwanzig Jahre danach hat sich das Bild der Gesellschaft und der „Männer" teilweise

umentwickelt, aber auch nicht immer zum Guten, oder nennen wir es zum richtigen Verhalten weil Männer sich zu oft, zu distanziert zur Familie geben. Gesellschaftspolitisch war das ein kleiner Fehler. Denn heute weiß man, dass die extreme Trennung zur gesamten Familie ein zu harter Schnitt war. Wie bekommen wir es hin, die fruchtbaren Gesten, Hinweise, ja die Liebe aus einer Familie als Spende für die neue Familie zu nutzen und doch getrennt voneinander zu leben? Das funktioniert nur, wenn wir alle Mitglieder einer Familie, alle Verwandten in einem positiven Sinn so nehmen können, wie sie sind und die Tradition der Familientreffen an bestimmten Tagen aufrecht erhalten. Aber wir selbst müssen an diesen Tagen und auch sonst im alltäglichen Leben offen für andere Denkweisen, Sympathie bis Zuneigung und Gespräche mit ihnen bleiben. Ein kleines Zitat als Unterstützung: Tradition ist die Weitergabe des Feuers, und nicht das Verwalten der Asche!! (Gustav Mahler) Die Frauen haben aus der Zeit, so scheint es, eine andere, oft konsequentere Lehre gezogen. Sie suchen die Kontakte und nehmen Meinungen und Verhaltensstrukturen eher in sich auf und leben diese. Viele junge Väter hingegen, nehmen sich in der Erziehungsphase zu wenig Zeit, oder zeigen einfach nicht genug Interesse, ja sie untergraben die letzten positiven Aktivitäten der Mütter durch Bemerkungen wie: „Lass doch die Kinder" oder, „so schlimm sind die gar nicht".
Oder „reg dich nicht so auf, im Grunde machen die doch nichts Schlimmes". Männer, die nur so durchs Leben gehen, sind leider für kurze Ehen und ein trauriges Liebesleben prädestiniert. Ihnen fehlt die Richtung und die Konsequenz in ihrem Leben. Oft auch nur ein bisschen Mut zu ihren eigenen Entscheidungen. Frauen wie Kinder sind darauf angewiesen, dass die Männer zumindest eine vom Umfang und der Intensität, halbwegs eine gleichwertige Rolle in der Erziehung übernehmen. Wenn der Vater sich dem Sohne (Und natürlich auch der Tochter) annimmt und ihm und ihr klar und unmissverständlich mitteilt, was geht und was nicht geht und diese Begegnung ohne Gewalt aber bestimmend stattfindet, kann die Mutter sich einfühlender und liebevoller zeigen. Die Ergebnisse der Erziehung können sich sehen lassen. Einigkeit und die gleiche Richtung ausstrahlen, ist für Eltern das wichtigste bei der Erziehung der Kinder. Das ist kein Dogma, das es in jeder Familie so sein sollte, doch ist es in funktionierenden Familien tendenziell der Vater, der mit etwas mehr Härte und Geradlinigkeit seine Argumente und Einstellungen sinnvoll vertritt. Dieses System hat sich bewährt!

Wenn die erst mal in der Schule sind, ist es leichter!

Neben den Eltern, sollten der Kindergarten und die Schule für die Verhaltensweisen und den Wachstumsprozess der jungen Männer, der zweite wichtigste Faktor sein!

Doch wenn man genauer hinsieht, stellt man fest, das viele Jungen in der Schule, selbst im Kindergarten, gerade heute am Anfang nicht sofort klar kommen. Die laschen Glaubenssätze und lockeren Sprüche vieler Eltern werden in den Erziehungsprozess, also auch in die Meinungsbildung bei den Kindern als Wahrheit übernommen. Somit ist die Unterordnung in eine solche neue Gruppe oder Klasse mit anderen erst einmal schwierig. Wichtig sind die ersten drei Jahre im Leben der Kinder, denn da wird neben dem was wir auf diese Welt mitbringen, dieses Grund-Lern-Programm ins Unterbewusstsein eingeschrieben. Wenn während dieser Zeit nicht liebevoll und konsequent erzogen wird, wenn da viel versäumt wird, ist das Ergebnis oft schlecht. Vor allem ist der zu erbringende Aufwand, das wieder in geregelte, gesunde Bahnen zu bringen, später enorm viel größer. Denn dann sind in der Schule die Wertevorstellungen weg, der Glaube ist weg, die Achtung von anderen Menschen ist weg und die Konzentration für Unterrichtsstoff, der länger als eine Stunde dauert, ist auch weg. Etwas erstaunlich war auch zu hören, dass bei ganz vielen der Bewegungsablauf, den sie mit ihrem Skelett und ihren Muskeln machen können, durch zu viel auf dem Arsch sitzen auch weg ist. Und das Zauberwort mit „S" der heutigen Jugend lautet jedenfalls nicht mehr „schneller" oder „sofort" sondern „später"! So sind nicht viele der jungen Männer willig, sich leiten zu lassen, geschweige denn offen und intensiv im Unterricht konstruktiv mitzuarbeiten. Es fällt ihnen schwer, Vorbilder anzuerkennen und gesellschaftliche Normen und Rituale in jeglicher Form zu schätzen. Leider erfahren die Schüler zusehends, dass „Mann" mit einem Macho- oder scheiß- egal-Verhalten an den Schulen leichter weiterkommt. Spätestens und im Extremen, erlebt man das heute an den Förderschulen. Viele verhalten sich gemein, machen Mädchen lächerlich und beteiligen sich an der aggressiven Einschüchterung von anderen Mitschülern.

Manche kennen keine Disziplin und treten jedem Lehrer mit Verachtung und Desinteresse entgegen. Die paar Schüler, die begriffen haben worum es geht, die sich „noch trauen" weil sie weiterkommen wollen, werden untergebuttert, verachtet, geschnitten und gemobbt.

„Jeder kann so stark spielen, wie es der Gegner zulässt!“

Diesen wahren Leitspruch haben sich in der heutigen Zeit deutlich mehr Schüler, (leider immer weniger die Lehrer) zu Eigen gemacht! Ein bedauerlicher Zustand für unsere Gesellschaft! In den großen Städten, jedenfalls in Teilen der Städte, kann man momentan noch eins drauf setzen. Wir haben hier, teilweise bedingt durch starke Migration, teilweise durch die zu starke Entfremdung der Menschen untereinander, nur noch sehr wenige, nach geltender Überzeugung optimal funktionierende Elternhäuser. Ganz viele der Kinder und werdenden Männer kommen schon verhaltensgequetscht, oft als kleine „Macho-Arschlöcher" in den Kindergarten. Bei den Mädels nennt man das „Zickenterror". Wenn wir uns alle einmal im eigenen Umfeld umschauen, kann sicherlich jeder etwas zu diesem Thema sagen.

Die Kindergärtnerinnen schlagen seit Jahren Alarm und nicht nur die Hände über dem Kopf zusammen! Es fällt bei diesem Zustand nicht leicht, dass man keine Schuldzuweisungen macht. Aber alle Vorwürfe würden zu keinem optimalen Ergebnis und zu keiner Lösung führen. Wir müssen erst einmal bereit sein, an jeder „Baustelle in diesem Prozess etwas verändern zu wollen". Wir müssen bereit sein, objektiv hinzusehen und dann uns eine konstruktive Meinung zu bilden. Bevor „wir" anfangen, sollten wir aber bei uns selbst etwas verändern. Alle von uns könnten reifen in der Erkenntnis, dass wir zu jeder Zeit mit dem was wir denken, sagen und handeln für uns und alle Mitmenschen in unserem Umfeld mit verantwortlich sind. Viele werden sich jetzt fragen, auf welche Weise ich selber für andere verantwortlich bin? Das kann nur jeder einzelne für sich beantworten. Es reicht, das wir auch schon Verantwortung zeigen, indem wir deutlich machen, dass wir nicht mit allem, was und wie es passiert, einverstanden sind.

Übung:

Suche für Deine Tabelle kleine Macho-Arschlöcher und kleine Zicken. Wer kennt welche und wie hoch ist der Prozentsatz in Deinem eigenen Umfeld? Wodurch wurde bei denen ein solcher Prozess ausgelöst? Keine leichte Aufgabe. Ohne einige Gespräche zu führen und ohne (ganz wichtig) sich einige „Eltern" anzusehen, lässt sich das sicherlich nicht einfach lösen. Dazu kommt, die positive Seite in der Tabelle festzuhalten, wie viele Kinder super im Leben stehen und diese Probleme, sich zu Recht zu finden nicht haben, weil ihre Eltern sich gekümmert haben. Vergleiche auch so gut Du kannst die Eltern und ihre Lebensweisen. Wir alle sollen, von unseren Politikern gefordert und gepredigt, seit langem einen Gesellschafts-Zustand anstreben, indem wir das „Wir-Gefühl", den Zusammenhalt, die gegenseitige Achtung und Akzeptanz mehr und mehr in unseren Alltag einziehen lassen. Dann endlich könnten wir die Hirnwichserei des über Jahrzehnte angeeigneten materialistischen „Ego-Ichs" abhaken.

Niemand wird fordern, dass wir uns alle mögen und lieben müssen, aber in einer Gesellschaft wo gegenseitige Achtung, Anerkennung und Rücksichtnahme herrscht, lässt sich nun mal angenehmer, intensiver und freier leben. Warum das nicht richtig klappt, der Fehler ist bei unserem eigenen Verstand zu finden. Unser Unterbewusstsein, das wir ja alle selbst trainiert haben, ist der Grund, warum viele so verschlossen sind. Unser Unterbewusstsein hat Angst sich zu öffnen, weil es in der Hauptsache, seit zig Generationen geprägt, aus Furcht besteht. Sobald wir Angst verspüren, tritt unser Denker sofort in den Vordergrund und übernimmt unser weiteres Handeln. Bei Gefahr ist das ganz kräftig zu spüren, dass unser Denker der Anführer ist. Wenn wir jedoch ohne Sorgen und Probleme sind, tritt unser Unterbewusstsein etwas hinter uns und dann kommt das Bauchgefühl in uns mehr durch. Zum Beispiel bei einer Meditation ist das oft der Fall. Der Erfolg einer Meditation ist, wenn dieser Zustand erreicht wird. Doch dazu später noch mehr. Manchmal frage ich mich, warum viele aus unserer Mitte zuschauen und nichts unternehmen, dass wir uns mit keiner Mine, einer Reaktion oder einem Zusammenschluss interessierter Menschen dagegen wehren, diesen besseren Zustand, den wir alle beschreiben könnten, hin zu bekommen. Es ist leider auch manchmal ein Gefühl da, als hätte man wahllos Teilen der Gesellschaft „K.O." Tropfen ins Bier geschüttet und der Zustand der momentan in der Gesellschaft herrscht, wird von zu vielen Menschen als gut und angenehm empfunden. Wer aus unserer Gesellschaft weiterschlafen will, der soll das ruhig tun. Wir nicht!

Wenn man in den letzten Jahren durch unsere Städte geht, hat man ganz oft den Eindruck, dass zu viele Menschen in sich ein Scheißegal-Gefühl tragen: Ein, man könnte sagen geh-mir-am-Arsch-vorbei-Gefühl! Über alle Zustände, und unsere Politiker schimpfen und lästern ist einfach, aber nicht klug. Erstens sind das Menschen, die wir durch unsere Anerkennung, durch Wahl, oder Nichtwahl dorthin gebracht haben und zweitens sind sie ein Spiegel unserer gesellschaftlichen Denkweise und unserer Verhaltensmuster. Wir haben nur verlernt, dass wir sie an ihren Leistungen und ihrem Treueverhalten zu Volk

und Vaterland messen sollten. Wenn das Verhalten nicht mehr stimmt, könnte man sie, wie auch die mittlerweile gewachsene Anzahl der Wirtschaftsbosse, die grobe, oft wissentliche Fehler machen, konsequent zur Verantwortung ziehen und danach in die Wüste jagen. Der Altbundeskanzler Helmut Schmidt hat es auf den Punkt gebracht. Er hat gesagt, dass „Politiker sein" kein Beruf, sondern immer eine Berufung sei. Diejenigen, die ihr Amt so sehen, fallen nicht negativ auf. Einer meiner Freunde sagt immer, wenn es um Wahlen und Politik geht: „Wenn eine Partei, nur als Beispiel dreißig Prozent an Stimmen bei der Wahl bekommt, dann dürften auch nur dreißig Prozent der Mandate im Parlament besetzt werden". Sie würden sich ganz schnell mehr für „uns" als „Volk" einsetzen müssen, um mehr Stimmen zu bekommen. Den Rest der Mannschaft könnten wir uns sparen und damit auch riesige Summen an Geldern. Unser vorhandenes Politik-System lässt eine solche Umstrukturierung momentan nicht zu, aber so würde das umsichtige Verhalten und die intensive Betreuung unserer Vertreter garantiert deutlich zunehmen.
Aktuelle Debatten sprechen in Erfahrungskreisen heute heimlich und nicht immer mehr nur leise vom Eltern-Führerschein, der dringend eingeführt werden sollte. Aber aufpassen. Wir bringen natürlich als heutige frisch werdende Eltern auch viele Gedankenmuster unserer Eltern mit. Die tragen wir in uns. Wir müssen uns klar darüber sein, dass auch wir nur das Ergebnis von erlebten Gefühlen und Gedanken unserer Eltern sind. Natürlich geben das viele Menschen nicht gerne zu, aber es ist nun mal etwas Wahres daran. Das mit jeder Generation eine Weiterentwicklung, zumindest eine Veränderung, passiert ist klar. Aus Erfahrung muss man heute jedoch feststellen, dass diese Entwicklung nicht in allen Fällen immer auch als eine „Entwicklung" bezeichnet werden kann. Aber ausruhen können wir uns darauf in keinster Weise.
Nur wenn wir das wissen, ergründen und versuchen das zu verstehen, erst dann ist eine Wandlung unserer Persönlichkeit möglich! Machen wir noch einmal einen Schlenker zur Schule, denn da konzentriert sich die Entwicklung vieler Menschen ja.
Die Eltern, die sich momentan an Entscheidungen in schulischen und beruflichen Angelegenheiten beteiligen, haben eine oft zu distanzierte und teilweise auch zu unqualifizierte Meinung zur Schule und deren Vorgehensweisen und Möglichkeiten heute. Das liegt aber auch daran, dass man sich mit den internen Abläufen der Schule nicht auskennt, oder erst gar nicht sich damit

beschäftigt. Oft sind die nicht engagierten Eltern zu kurz denkend und voller, an sie heran getragenen Vorurteile in ihrem Verhalten, weil sie die Fehler ihrer Kinder noch durch ein zustimmendes Verhalten unterstützen, anstatt mit den „interessierten Lehrern" um eine Problemlösung zu ringen und mit ihnen an einem Strang ziehen, um eine für alle Schüler verträgliche und akzeptable Lösung zu suchen. Ich weiß, ich weiß. Nicht alle sind so!!

Nicht an allen Schulen ist das so. Es gibt auch heute eine Menge von Vorzeige-Modellen an Schulen, die eine andere Sprache sprechen. Es gibt auch eine Menge Schulen die den Zeitgeist begriffen haben und aus eigenem Antrieb und mit vielen neuen Strukturen gute, man kann sagen hervorragende Ergebnisse produzieren! Wir können über eine solche Entwicklung stolz sein, aber der Prozentsatz der negativen Erfahrung, die an deutschen Schulen und in der Gesellschaft gesamt gesehen momentan herrschen, ist entschieden zu hoch, um immer noch wohlwollend zu nicken und mit dem destruktiven Verhalten „gib ihm noch'ne Chance" darüber hinweg schauen zu können. Hier herrscht von Seiten der Eltern und der Lehrer ein unrealistisches Bild. Hier weiß nicht jeder was man konkret eigentlich voneinander erwarten kann. Wenn wir heute alle sehen könnten, wie schwer es Lehrer durch eine völlig unsinnige, destruktive und wahnsinnig zeitraubende Bürokratie oder teilweise unrealistische Qualitätsparameter haben, würde manches Vorurteil anders ausfallen. Wenn Eltern wüssten, dass Lehrer eine blödsinnige Erklärung schreiben müssen, um einem Schüler der sich beim Raufen auf dem Schulhof verletzt hat, ein Pflaster aufkleben zu dürfen, (an vielen Schulen dürfen sie noch nicht einmal mehr ein Pflaster kleben) dann gäbe es sicherlich mehr Solidarität untereinander und endgültig würden engagierte Eltern mit engagierten Lehrern zusammen den Erfindern dieser Beschränkungen den Garaus machen. Dann, aber auch nur dann hätten wir die Möglichkeit Kinder wieder mehr zu schulen und die Lehrer müssten nicht einen halben Tag im Lehrerbüro mit Verwaltung und plagendem Formalismus zubringen.

Wir alle haben geduldet, dass an den Schulen eine solche auf dem Kopf stehende Verwaltungspyramide aufgebaut wurde. Wir alle haben zugelassen und teilweise auch gewollt, dass zig Formulare bei schlechtem Verhalten, oder bei androhender Nichtversetzung mit stundenfüllendem destruktivem Erklärungsprogramm entstanden sind. Weg mit den Auflagen, hin zu den Schülern! Auch die Eltern brauchten mehr Zeit für die Schule. Wenn viele Eltern mal

genau hinsehen, anstatt Fernsehen hätten sie die auch. Nur bis heute kann man oft erschreckend feststellen, Eltern und vor allem Männer nehmen sich die Zeit nicht. Die heutigen Väter stellen sich da oft noch stumm, weil sie nicht den Mut und die Courage haben, sich mit dieser dringenden Thematik „Bildung für Kinder" auseinander zu setzten. Darum findet man in unseren Schulen in fast allen freiwilligen Arbeitseinsätzen überwiegend wieder nur Frauen, die sich in diesem Fall (Gott sei Dank!) um die Belange der Kinder kümmern. (Zur Schule kommen wir später noch einmal).
Aus einer aktuellen Zeitung ein Zitat:
„Vielen Eltern fehlt Zeit für Ihre Kinder". Die Arbeitszeitbelastung ist zu hoch. Viele Familien in Deutschland leiden einer Studie zufolge, durch berufstätige Väter und Mütter an Zeitnot. Eine Umfrage vom Wirtschaft und Sozialwissenschaftlichen Institut ergab bei abhängig beschäftigten Vätern und Müttern mit minderjährigen Kindern, dass die Verteilung der Arbeitszeiten nicht den Bedürfnissen der Eltern entspricht. Das traditionelle Modell von Hausfrau und Ernährer ist längst in der Minderheit. In Westdeutschland lebe nur noch ein Viertel der Paare in der sogenannten Hausfrauenehe, in Ostdeutschland nur noch acht Prozent. 42 % der Mütter und 97% der Väter arbeiten in Vollzeit. Eltern müssen sich zwischen Karriereverzicht oder Zeitnot entscheiden. Herausgekommen ist, dass mehr als ein Drittel aller Familien unter einer absoluten Zeitnot steht: Das heißt „Ich habe keine Zeit, egal wo für!"

Spiel doch bitte etwas mit mir!

Nachdenklich stimmender Kommentar: „Mama, warum willst du nicht mit mir spielen?" „Weil ich keine Zeit habe!" „Warum hast du keine Zeit?" „Weil ich arbeite!" „Warum arbeitest du?" „Weil ich Geld verdienen muss!" „Warum musst du Geld verdienen?" „Um etwas zu essen zu kaufen." „Aber ich habe doch keinen Hunger!" Übrigens, noch eine interessante Information: Die Bewerbungsquote für Jobs von Frauen mit Kindern unter 14 Jahren ist in den vergangenen 30 Jahren deutlich gestiegen. Der Anteil von 47 Prozent im Jahre 1980, ist auf 67 Prozent bis 2008 gestiegen. In der Gruppe von Müttern, die sich dauerhaft für Erziehung und Hausarbeit entscheiden, seien überdurchschnittlich viele Frauen mit einem niedrigeren Bildungsabschluss. Dagegen wollen nur 16 Prozent der Mütter mit einem höheren Bildungsniveau in den ersten 3 Jahren der Erziehungsphase zu Hause bleiben. Über die Wichtigkeit der ersten zwei besser drei Jahre haben wir ja schon gesprochen. Ja sogar ca. 80 Prozent aller Frauen tragen sich in der ganzen Zeit mit dem Gedanken, wieder in ihren, oder einen anderen Job zurück zu kommen und das so schnell wie möglich.
Und hier sehe ich einen der größten Fehler, die in unserer Gesellschaft gemacht werden. Das spiegeln Sie unterbewusst natürlich auch Ihren Kindern. Das Ausbrechen wollen der Mütter und ihre damit verbundene innere Haltung, die sie selbst nicht bewusst steuern, die durch ihre Gedanken an einen Job einfach in ihrem Unterbewusstsein sind, nimmt das Kind war und bildet daraus einen der fürchterlichsten Glaubenssätze die möglich sind. „Ich bin nicht erwünscht". Jeder möge sich selbst ein Bild davon machen, welche Verhaltens-Bewusstseinsstörungen diese Kinder wohl später in sich tragen werden.
Zurück zur Realität. Wenn ich so etwas in der Zeitung lese, läuft mir schon mal ein Schauer über den Rücken. Verarschen wir uns eigentlich alle selber, oder woher kommen diese destruktiven Denkweisen und Einstellungen? Spürt denn nicht jeder, dass diese gesellschaftliche Entwicklung nicht gut ist und auf Dauer nicht so bleiben kann? Was treibt uns eigentlich in den letzten sechzig Jahren ständig so an, dass wir für die elementaren Dinge des Lebens keine Zeit mehr haben. Dass alle Menschen nach dem Krieg „geil auf Material, geil auf Reichtum waren, kann sicher jeder verstehen. Das dieses Gehabe, dieses Scharren nach Material, sich in eine Geiz-ist-Geil Mentalität umgewandelt hat, war nicht gut! Irgendwann dazwischen hätte mal jemand lauthals „STOP" rufen müssen. Diesen Zeitpunkt haben wir alle verpasst, oder wir wollten die

Stimmen nicht wahrnehmen. Aber mal ehrlich, wenn ein Mann (genauso eine Frau) täglich arbeitet, so kommt er auf heute knapp 40 Stunden pro Woche. Seien wir großzügig. Mit Hin- und Rückweg ist er oder sie bestimmt 50 Stunden aus dem Haus. Pro Tag sind wir 16 Stunden wach. Sieben Tage hat die Woche, davon arbeiten fast alle nur noch 5 Tage. 2 Tage wie Samstag und Sonntag mit je 16 Stunden sind also frei verfügbar für Erziehung und Spaß. Das sind 112 Stunden, die wir pro Woche wach sind. Das ergibt einen freien Zeitraum von ca. 62 Stunden pro Woche! Ziehen wir noch etwas Zeit für Einkäufe und andere Dinge ab, wenn wir die Zahlen dann vergleichen, stellen wir schon noch einen gewissen Anteil der freien Zeit fest. An der Verteilung und den falsch gesetzten Prioritäten scheint es zu liegen. Oder liegt es an den häufig genannten und sich stark vermehrenden „Couchpotatos", die nur noch die Bequemlichkeit und die Langsamkeit lieben? Vielen Menschen fehlt einfach Struktur. Das ist einer der großen Fehler in unserer Gesellschaft. Wie gehe ich persönlich mit meiner Zeit um und was gestalte und kreiere ich mit meiner freien Zeit und für mich persönlich. Auch hier stelle ich wieder etwas provokant die Frage: „Wer hat uns beigebracht mit unserer freien Zeit und der sinnvollen Verteilung dieser verantwortlich umzugehen? Wer hat uns beigebracht wie aus einem Jungen ein „Mann" wird? Wer hat uns beigebracht „lieben" zu können. Mit der Liebe ist sowohl der emotionale Zustand der Liebe gemeint, aber auch die körperliche Liebe. Keiner!
Ein kleiner Schlenker, den ich selbst erlebt habe: Ein mir gut bekannter Psychologe hat mich in einer Meditations-Sitzung zu diesen Themen mal gefragt. Unter anderem kam: „Sag mal, wann hast du das letzte Mal auf einer Bank gesessen und einfach nur in den Himmel gesehen?" Ich sagte dann spontan und frech zu ihm, „dass er wohl bescheuert sei". Ich hätte ja für alles Zeit, aber in den Himmel zu starren, dafür nun wirklich nicht. Ich spürte natürlich sofort, was er meinte und wollte. Auch bei mir hat die Verteilung der Zeit und der Prioritäten lange eine große Rolle gespielt. Er hat das gewusst, oder er hat es mir einfach angemerkt. Auf das mentale Spiel mit ihm habe ich mich dann gerne eingelassen. Nach stundenfüllenden heiteren und anregenden Diskussionen um das Zeitthema und andere Themen, haben wir uns dann auf einen Schlachtplan für meine Vorgehensweise bei der Suche nach Gelassenheit und der Verteilung von freier Zeit für meine persönlichen Prioritäten geeinigt.
Aber, umso mehr ich über seine Bemerkung später nachdachte, glaube ich,

dass es ein wichtiger Baustein unseres Lebens ist. Die persönliche Zeitplanung. Vielen von uns fehlt das garantiert. Einfach mal zur Ruhe kommen und nichts tun. Sei es, dass man in den Himmel schaut oder eine Meditation macht, oder nur über sich und sein Leben und seine anstehenden Ziele und Strukturen nachdenken und sie neu verteilen lernt. Das ist sicherlich gut. Aber genau so gut ist es, wenn die Ziele, die dabei heraus kommen, sorgfältig verfolgt und konsequent angegangen werden.

Übung:

Versuche einmal den Zustand in Dir zu erreichen, dass Dein Unterbewusstsein, also alle Deine Dich ständig steuernden Elemente, weit weg von Dir ist. So als ob ein Kind sein Spielzeug an einer Leine hinter sich her zieht. Damit Du Dich Deinem Bauchgefühl voll hingeben kannst! Nimm Dir dreißig Minuten Zeit und lass Deine Gedanken die kommen einfach fliegen. Wenn Du das schaffst, mache Dir ein positives Zeichen in Deine Tabelle, damit Du immer wieder an diese Leistung erinnert wirst und mit ihr weiter üben kannst. Ich möchte noch ein anderes Beispiel was ich kürzlich erlebt habe berichten. Bei einem kurzen Urlaub auf der Insel Mallorca habe ich einen Mann kennengelernt der aus meiner Gegend stammt und der, wie ich fand, gute Ansichten zum Leben hatte. Er war gut drauf, sportlich und hatte eine phantastische Art, sich selbst und sein Umfeld zu motivieren. Er selbst hatte sich zum New York Marathon angemeldet, obwohl sein Training nicht in dem Umfang eines normalen Marathon-Läufers stattfand. Er hatte einfach die Vision, dass wenn er sich dort anmeldet, er selber sich in eine Erfolgssituation versetzt. Das genau fand seit der Anmeldung statt. Ich war von den Socken über seine Stabilität und persönliche Einstellung. Seine Gedanken um seine Arbeit, Familie, Erfolge und sein Glück wurden intensiver angegangen als sonst. Er lebte für kleine Erfolge und war mit seinem Leben absolut zufrieden. Für mich war das ein Zeichen dafür, wenn sich jemand Ziele vorgenommen hat, dadurch seinem Leben selbst eine andere Struktur gibt und somit sich einen Erfolg selbst programmiert. Ich glaube, dass auch wenn der Top-Erfolg in New York ausbleibt und er nicht bei den vorderen Rängen dabei sein wird, er nicht enttäuscht von sich sein wird. Das fand ich klasse und nachahmenswert.

Bei der ganzen Wertevermittlung, die ansteht, sollte auch eine Vermittlung einer persönlichen Zeit- und Erfolgsschiene beachtet werden. Ein individueller Ablaufplan der eigenen Zukunft! Eine Organisationsstruktur mit einem Zu-

friedenheitsbarometer fürs Leben. Auch kann Gelassenheit und zum eigenen „Ich" finden, durchaus ein Baustein davon sein. So etwas soll als Thema auch schon in den Schulen und Universitäten dringend mit als Lernstoff angeboten werden. Das kann von einer psychologischen oder was ich mir sehr gut vorstellen könnte, auch von der kirchlichen Seite angeboten und gelehrt werden. Es muss nur ein Vertrauensverhältnis zu den Personen, die das durchführen, da sein. Wenn dann eine Art Brainstorming, wie in der Wirtschaft gemacht wird, sammeln der einzelnen Aspekte, Fantasien, Träume und Empfindungen, ohne Wertung alles bitte festhalten. Diese Ergebnisse dann für jeden Mann und für jede Frau einzeln, individuell ansprechen und auswerten und in eine Vision für sie und ihn bündeln. Diesen Werdegang gilt es zu begleiten und über einen langen Zeitraum zu betreuen und nachhaltig zu kontrollieren. Das glaube ich, ist die Lösung für unsere Gesellschaft. Wer das jedoch perfekt heute schon vermitteln kann weiß ich nicht, aber es wird sich, wenn der Bedarf und der Wunsch danach da sind, finden.
Viele Menschen wissen heute nicht einmal, dass es ein Verhältnis zu sich selber gibt. Ein Verhältnis zu ihrem eigenen Körper und zu ihren eigenen Empfindungen und ihrer persönlichen Energie. Die Chinesen nennen diese innerlich in uns fließende Kraft oder Energie „Chi". Die Lebensweise der asiatischen Menschen ist oft eine ganz andere. Die Denkweise, wie die zum Beispiel mit Krankheiten und deren Heilung umgehen, auch. Das Bewusstsein der Menschen zu ihrem Körper und zur Bewegung ist in verschiedenen Erdteilen oft völlig anders. Und für uns auf den ersten Blick oft unverständlich und fremd. Denn Gelassenheit bringt im Umgang mit Menschen mehr Freundlichkeit. Freundlichkeit bringt Freude und Freunde. Freude bringt lebensbejahende Energie und macht lebendig und mutig. Energie richtig gelenkt bringt Liebe und Erfüllung. Und das ist es doch, wonach wir alle suchen! Es muss vorrangig im Elternhaus, also auch in den Köpfen der Eltern, eine andere Denkweise mit klarer definierten Gedankenstrukturen einsetzen. Die Familie und ihr heutiges Verhaltensmuster, ihre Glaubenssätze und die freiwilligen Leistungen, welche sie in unsere Gesellschaft einbringen und wie sie über diese Gesellschaft mit ihren vielen Fassetten denken, das ist der Knackpunkt des Destruktiven. Da liegt einer der Grundsteine, einer der Problematiken in unserem Land. Jetzt gibt es natürlich tausende von ganz vielen netten Bürgern, die sich mit Ausreden wie: dass jeder sich in seinem Rahmen und nach seinen Möglichkeiten richtig verhält.

Dass der Einzelne ja überhaupt nichts ausrichten kann. Und so weiter und so weiter. Wenn wir alle herumgehen und nachfragen würden, schlüge uns garantiert eine Welle der Ablehnung über neue, andere, wichtige Vorschriften und Dinge entgegen, die erstmal geregelt sein müssten. Danach könnte man über solche Themen irgendwann mal sprechen. Aber solange jeder nur an sich denkt, ist auch eine Lösung nicht in Sicht. Doch bevor wir bald im Kaufrausch und materialistischen Gehabe ersticken, sollten jetzt Maßnahmen aufgezeigt werden, die uns zu nachvollziehbaren, aber gerechten und nötigen Veränderungen bewegen. Wir sind schon mehr als zwanzig Jahre zu weit über einen Punkt des maximal Möglichen in unserer Gesellschaft und der Werteveränderung hinausgeschossen. Kaum einer hat seinen Mund in aller Deutlichkeit aufgemacht und uns einen Spiegel vorgehalten, in dem wir alle klar erkannt hätten, was eigentlich mit uns und um uns herum los ist. Die Finanzblase bzw. ihr Platzen Ende des Jahres 2008/9 ist ein extrem gutes Beispiel dafür, dass dauerhaft eben nichts aus Gold oder Geld bestand hat. Oder das man fast nichts einsetzen muss, um trotzdem noch maximale Gewinne einzustreichen, eben nie wirklich funktioniert.
Warum können wir aus anderen, nicht so gut funktionierenden Ländern dieser Welt, oder genau so aus Ländern wo es besser läuft als bei uns, nicht auch etwas lernen? Warum sind wir für kleine Veränderungen nicht bereit? Ist eine Gesellschaft mit wachsendem Wirtschaftsleben und ständigem Streben nach grenzenloser Freiheit und Individualität nach zwei bis drei Generationen moralisch angeknackt? Ich glaube das nicht. Da ist hundertprozentig noch viel zu machen, zu bewegen und zu korrigieren! Nun zurück zu den Männern in der Gesellschaft. Ein „echter Mann" kann sich nicht nur nach dem Vorbild eines Helden oder Idol Prinzip ausrichten, er muss das Kind, den Vater und den weisen alten Menschen neu entdecken, werten und schätzen können und diese Menschen in sein Leben wohlwollend integrieren. Der Yin- und der Yang- Anteil aller dieser Helfer, verbunden mit einer gewissen Risikobereitschaft und selbst aufgebrachter Mut und eigene Initiative bringen uns zur echten Männlichkeit.
Ich erkenne an?!! Wer ist bereit das zu sagen!
Ein Ereignis aus der Zeitung einer Kleinstadt um uns herum? Es tun sich zwei unerfahrene, naive und problembehaftete junge Menschen als Paar eheähnlich zusammen. Gedanklich und verhaltenstechnisch sind sie weitab von

unserer Gesellschaftsmitte. Sie bekommen Kinder und als dann die ersten Probleme auftauchen, behaupten sie, dass doch gefälligst von Seiten des Staates oder der Stadt für sie zu sorgen sei. Wenn ein Elternführerschein, nennen wir diesen mal so, eine begleitende Weiterbildung über Monate beinhaltet, wo mit verschiedenen Bausteinen sehr plastisch und mit Beispielen, alles an Grundwissen vermittelt wird, wo ethische Grundregeln und Werte Beachtung finden, dann könnte ein erklärender Wortlaut der Beteiligten da nach etwa so klingen?

§ Ich erkenne die Werte in der Gesellschaft in der ich leben will, an.
§ Ich akzeptiere und unterstütze die in dieser gesellschaftlich gelebten Verfahrensweisen und Regeln.
§ Ich beachte ethische Grundregeln in unserem Land gestützt von christlichen Verhaltensweisen und Ritualen bei allem, was ich tue.
§ Ich erkenne an, das soziale und Verhaltensunterstützung durch den Staat, die ich anfordere, zeitlich begrenzt ist.
§ Ich schütze und akzeptiere andere Handlungs- und Denkweisen, wenn dadurch niemand in der Gesellschaft leiden muss.

Nur die Richtung ist gemeint. Der genaue Wortlaut wird natürlich anders sein. Dafür gibt es genügend Spezialisten, die das weitaus besser darstellen können. Eine Bemerkung sei an dieser Stelle noch angebracht. Unsere Gesellschaft hat für Menschen, die grundlegende Dinge nicht geregelt bekommen, keine konkreten Anlaufstellen. Oft hält Scham und Angst Menschen davon ab, frei und öffentlich zuzugeben, dass sie nicht weiter wissen. Und das eigene Umfeld dieser Menschen reagiert nicht oder nicht richtig. Es gibt heute einige bewundernswerte neutrale Anlaufstellen für Singles und Paare. Ob unter kirchlicher, karitativer Leitung, oder ein Mix aus Rentnern und Begabten mit Einwirkung der Kirche. Die ersten Erfolge werden hier bereits gefeiert. Ein wunderbarer Schritt, der natürlich auf freiwilliger Basis von netten Menschen geleistest wird. Menschen, die in diesen Gruppen mitarbeiten, kann man aber auch Danke sagen, indem Dienstleistungen anderer wie Bäcker, Metzger, Elektriker, Anstreicher und hundert andere Leistungsträger diese kostenfrei ersetzt bekommt. Die Gesellschaft trägt die freiwilligen ehrenamtlichen Leistungsträger durch solche Zugaben ortsnah mit.

Übung:

Such Dir für Deine Werte in der Tabellenkalkulation Menschen aus Deinem Umfeld heraus, die Du selbst ansprechen könntest um entweder sich aktiv oder passiv und in welcher Form auch immer an einem „Help-Desk für Bedürftige" zu beteiligen. Achte besonders auf ihre Spontanität, wenn es ums „Helfen" geht. Werte ihre Ausweichmanöver, wenn sie über ihr Zeitfenster und ihren extremen Druck im Job oder der Familie berichten. An dieser Stelle ein Zitat von Sully Prudhomme, einem französischem Lyriker: „Man muss auf seinen eigenen Wert stolz sein und den der anderen achten können!" Auch die Inschrift eines alten sauerländischen Fachwerkhauses sagt es: Wir w/sollen an dem Alten, so es gut ist halten, aber auf dem alten Grunde Neues schaffen jede Stunde! Das war jetzt ein kleiner Auszug eines Regelwerks, was an Veränderungen kommen kann und auch heute schon von vielen Menschen angedacht ist, aber nicht ein und konsequent durchgeführt wird. Jeden Tag lesen und hören wir von Verbesserungsvorschlägen, durch den Einsatz von tausenden engagierten Mitbürgern in hunderten von Gruppierungen vor Ort. Wenn da noch etwas verbessert wird und wenn da noch mehr Struktur herein gebracht wird, ist das „kleine Paradies Deutschland" noch realistischer.

Die Vision!

Um das mit dem kleinen Paradies zu glauben, fahren Sie doch mal durch unsere Welt. Fahren Sie in fremde Länder mit anderen Denkweisen und Kulturen. Schauen Sie sich die Menschen an, wie sie denken und handeln und wie ihre Meinung zum Leben und ihre Denkweise über uns ist. Sie werden mit einem absolut positiven, erfrischenden Meinungsbild über uns Deutsche zurückkommen. Natürlich kann man sich in jedem anderen Land einige Denk- und Verhaltensweisen abgucken und sicher erfolgreich in unser Dasein einbauen. Das kann ja auch jeder für sich tun. Das bringt uns auch anderen näher und erhöht die Bewunderung und Akzeptanz für andere Kulturen.

An der Stelle noch eine kleine Idee oder besser eine Anmerkung. Was wäre, wenn jeder Mann, der nicht zum Bund oder zum Zivildienst geht, ein halbes Jahr ins Ausland geht, um dort einen sozialen Dienst ähnlich wie hier ableistet. Oder, noch anders gedacht: Jeder Mann + auch jede Frau kann seinen Wehr-, Ersatz-, oder Leistungsdienst (gedacht ist auch an ein Leistungsschuljahr Klasse X) in einem europäischen Land seiner Wahl ableisten. Im Austausch mit einem anderen jungen Mann + Frau gleichzeitig. So eine Art Schüleraustausch für fast Erwachsene in ganz Europa, die keinen reinen theoretischen Dienst oder Unterricht machen, sondern bewusst einen Mix aus Theorie und Praxis. In diesem Dienst könnten handwerkliche Arbeiten, Metallarbeiten, Pflegearbeiten und auch selbst Straßenbauarbeiten enthalten sein. Ein Mix, um im täglichen Leben sämtliche Arbeiten später einmal würdigen und einschätzen zu können. Bildlich gesprochen heißt das, vom Krankenpfleger über Klempner zum Kanalarbeiter. Kein militärischer Drill, sondern ein freundlicher Austausch. Jeder lernt praktisch für sein eigenes Leben etwas handfestes und auch hoch geistiges. Der Mix macht es für jeden sicherlich interessant. Wenn das europäisch als Austauschdienst mit Familienanschluss und schulischer Unterstützung angeboten, oder sogar Pflicht wird, wären auch viele Sorgen im sozialen Bereich mit einem Schlag europaweit vom Tisch. Dann hätten alle Einrichtungen genügend Personal, um ihren angedachten Dienst optimal ausführen zu können. Das geht aber nur im direkten Austausch Eins-zu-eins. Und bitte ohne den heute vorliegenden bürokratischen Aufwand! Der Vorteil wäre, dass man sich „näherkommt" und dass die noch immer vorhandene Hürde Europa schneller abgebaut würde und dass die unterschiedliche Lebensweise der Menschen in den Köpfen eine Akzeptanz finden könnte. Den Charakter und die Denkweise der beteiligten Menschen würde das auch verändern.

Aus der „Einsicht“, dass wir uns alle brauchen und akzeptieren, könnte dann vielleicht eine „Weitsicht“ für die Beteiligten werden. Und wenn wir alle einmal tief in uns reinhören, kommen viele Stimmen hoch, die irgendwann, wenn wir zwischen vierzig und sechzig Jahre alt sind, uns sagen: Es wäre schön gewesen, wenn ich als junger Mensch auch mal fremde Leute und andere Länder hätte kennenlernen können. Bei den meisten Menschen, mit denen ich gesprochen habe, war das so!
Das Thema gewaltfreie Kommunikation hatten wir ja schon angeschnitten. Hier passt das nochmal hin. Vieles würde völlig automatisch gewaltfreier ablaufen, weil der „Akzeptanzpegel“ der betreffenden Personen und des unmittelbaren Umfeldes derer eine neue, noch nicht gekannte Richtung und Dimension fände!
Aber unabhängig davon und völlig losgelöst von politischen und neuen Thesen wird es Zeit, am Denkmodell der Zukunft für Verhalten und Regeln bei der Erziehung von Eltern und Kindern zu drehen.
„Höchste Zeit!!“ Dann erst ist der Weg auch in Kindergärten, Schulen, Firmen und Hochschulen, eine verbesserte Vorgehensweise einkehren zu lassen, offen. „Aber mit richtigen Männern“.

Ich hatte einen Traum!

Die Schule hätte dann eine zusätzliche Chance, die jungen Männer noch weiter zu „bevattern". Wenn der Job auch für Männer attraktiver (sprich finanziell lukrativer und vor allem und noch viel wichtiger, mit mehr „Kompetenz und Würde" ausgestattet) wäre. Um männliche Leitbilder kennen zu lernen, die den Schülern vor Augen führen, dass „lernen und sich in einer Gesellschaft „richtig Verhalten", eine positive Beschäftigung ist. Dass sich Männer für sie interessieren und nicht nur distanziert, kritisch und emotional gleichgültig sind. Nur so können Jungen den Umgang mit Männern lernen, die nicht gewalttätig sondern freundlich, aber fordernd sind. Wenn nötig, zurechtweisend, aber sich für ihre persönliche Entwicklung begeistern lassen. Eine Möglichkeit bestände, die Personalpolitik in Kindergärten und Schulen gesetzlich so zu regeln, dass mindestens ein Drittel der Lehrer in den unteren Klassen „Männer" sind. Lehrerinnen könnte man in höheren Etagen unseres Schulsystems einbinden, da fehlen sie laut einer Umfrage oft. Ebenso sollte die Leitung einer Schule immer ein Team aus einer Frau und einem Mann sein. Ihnen sollte dann die volle Unterstützung und Rückendeckung des Kollegiums und noch wichtiger, der direkten Vorgesetzten ohne jeden Neidfaktor zu teil werden. Leider ist das momentan nicht immer so. Auch das ewige Hin und Her, das ständige Gerangel mit dem Kultusministerium und den Vorschriften nervt total und kostet viel Zeit und noch mehr Motivation. Dieses Dream-Team als Schulleitung kann, wenn die beiden Lehrer sich einig sind, unglaublich viel Positives bewegen. Beide dürfen nicht nur „Schule verwalten" sondern müssen noch aktiven Unterricht geben. Alle anderen Lehrer werden von diesem Team unterstützt, aber auch sie tragen zum Erfolg der beiden Leiter und ihren gemeinsam abgesprochenen Visionen, Verhaltensweisen und Regelwerk an dieser Schule bei. Vielleicht stellt man noch ebenbürtig an der Seite der Lehrer ein Team aus engagierten Eltern zur Beratung? Dieses Elternteam kann aus den Reihen der Eltern jährlich wechselnd gewählt werden und sollte nur konstruktive Einwände hervorbringen. Den „normalen Eltern" (ohne Wertung) sollte die Möglichkeit weitgehend genommen werden, für die Belange ihrer Söhne und Töchter direkt auf die Lehrer einzuwirken zu können. Denn was da manchmal abgeht, das ist so entsetzlich demotivierend und zeitaufwendig, dass es häufig auch an der Moral und Leistungsgrenze der Pädagogen kratzt. Die Schule in unserem Land kann nur mit viel Struktur, aber sinnvoller Struktur für Schüler und Lehrer gemeistert und verändert werden. Und wenn der

Schulleiter ein Mann ist, sollte es aber ein richtiger Mann sein. Jemand bei dem es sich lohnt, zu ihm, zu seinen Ideen aufzuschauen, ihn zu bewundern und nicht jemand, der sich hinter seinen Aktenbergen oder seinen repräsentativen Aufgaben versteckt und den jungen Männern nicht mit seiner Autorität und seinem Vorbildwissen zur Seite steht. Der Direktor, genauso wie der Chef einer Firma sind Vaterfiguren und sie sollten mit den nötigen Qualitäten ausgestattet sein, ebenso alle Lehrer, die den jungen Männern auf ihrem täglichen Weg weiterhelfen sollen. Es dürfen keine ja-sagenden weichen Kumpel-Typen sein. Das wollen die Schüler auch nicht haben. Ein Mann, der an Schulen seinen Platz findet, muss durchsetzungsstark, humorvoll und zielorientiert sein. Er muss eine natürliche Autorität besitzen, ohne von Konkurrenzdenken geprägt zu sein. Er sollte positiv denken und hervorragend organisieren können. Aber er soll neben der Tätigkeit des Förderns, auch fordernd zu seinen Schülern sein, mit einer absoluten Konsequenz im Verhalten zu seinen Schülern und zu den Eltern. Das bedeutet aber wohl auch, dass die Uni-Ausbildung mehr als revolutioniert werden muss.
Jedoch Vorsicht! Viele Lehrer wünschen wir uns als Leitbilder, die aber selber nie im Leben die Möglichkeit hatten das „Mann werden" zu lernen, was sie vermitteln sollen. Hier sollte noch schnell eine Lösung durch gute Trainer an den Hochschulen und durch gute Motivatorencoachings an den Schulen geschaffen werden. Ebenso sollten alle weiblichen Lehrer von der zermürbenden Pflicht entbunden werden, sich alleine mit immer denselben Problemjungen jeden Tag aufs Neue abzumühen. Alle Schulen sollten sich neu besinnen auf die „Leistung", die sie vermitteln wollen und die „neue Konsequenz mit Struktur" mit der der Stoff an dieser Schule vermittelt wird. Ich finde, wenn die Schule hierauf mit allen Pädagogen und Arbeitsschritten wieder selbst stolz sein kann, dann kann sie das auch nach außen mit einem „klarem Verhalten, einer positiven Meinung und feststehenden Struktur" voll durchsetzen. Das wäre für alle Beteiligten endlich wieder motivierend und erfüllend! Ganz andere Ergebnisse und auch „andere Menschen kämen dabei heraus, und wichtig ist auch noch, dass „Schule" wieder für alle Beteiligten auch Spaß machen kann! Zur Lösung kann auch noch beitragen:
Viele ältere Berufs-Kapazitäten aus zig verschiedenen Berufen sind in den Ruhestand geschickt worden, ohne das sie das wollten. Jetzt ist die Zeit vielleicht reif, diese Power-Berufsmenschen vom Abstellgleis mit in einen

Prozess der Weiterentwicklung unserer Gesellschaft einzubinden. Wir können diese Menschen wahrscheinlich sogar ohne große Kosten für einen neuen Prozess der gesellschaftlichen Veränderung einbeziehen. Wir brauchen sie für die Erziehung und Vermittlung von ethischen und moralischen Werten und Verhaltensregeln mit dem Ziel des „Mann und Frau" Werdens. Auch die Migranten-Rentner-Männer und Frauen aus fernen Ländern sind in diesen Prozess mit einzubinden. Denn auch sie können viel über ihre ehemalige Heimat, das Erlebte, völlig andere Leben und die vielleicht unerfüllten Wünschen ihres vergangenen Lebens, weshalb sie ausgewandert sind und nach hier gekommen sind, erzählen. Das wäre für beide Parteien gut, für die Jungen als auch für die Alten. Es darf jedoch nicht bei den sogenannten „Leseomas" an den Schulen bleiben. Das muss weit darüber hinaus gehen. Hieraus sind sehr viele Schlüssel und Spiegel für das "Neue Verhalten" zu ziehen, da bin ich sicher. Und wir sollten auch beachten, dass nicht aus allen Schülern später Chefs werden können. Die Lernvitalität wird immer ein pyramideartiges Gebilde bleiben. Gemeint ist, dass viele Schüler sich nicht über den Grund, also über die größte Fläche und die größte Stückzahl hinaus entwickeln werden. Ein Teil wird sich in der Mitte der Fläche wiederfinden. Und ein kleinerer Teil wird es in die Hall of Fame der Spitze schaffen. Wir können auch hier nochmal mit den Worten Winnetous sagen: Nicht alle können später Häuptlinge werden. Es muss auch noch ein paar Indianer geben. Und es ist für eine Gesellschaft überhaupt nicht schlimm oder negativ, wenn alle Indianer in die Tipi-Hauptschule gehen. Nur sie müssen sich den Strukturen anpassen und sich dabei wohlfühlen. Ihre gewünschten Entwicklungsmöglichkeiten sind bei richtiger Struktur sowieso gegeben. Das praktizieren wir ja schon erfolgreich seit zig Jahren. Wir müssen uns nur dringend von den Vorreitern im Schulsystem trennen, die diese Pyramide auf den Kopf stellen wollen.
Wenn wir den Demographischen Werten Glauben schenken, haben wir es, wenn wir nicht aufpassen, bald mit einem Heer kranker und dement werdender Menschen zu tun. Älteren Menschen fehlen ganz häufig die sozialen Kontakte. Wenn sie in einer Gruppe leben, wenn sie für andere etwas tun können, tritt das Dement- und Krankwerden nicht so schnell oder oft gar nicht auf, als wenn Personen abgeschottet und alleine leben. Den sozialen Kontakt brauchen beide. Alte und junge Menschen. Und beide Parteien haben einen gewaltigen Nutzen voneinander. Das kann ermutigend, besänftigend und auch motivierend für alle unsere „werdenden Männer" sein!

Vaterunser! Wir sind Gemeinde, genau so, wie wir Deutschland sind.

Ebenso gefordert, falls man bei dieser Institution von fordern sprechen darf, sind meiner Meinung nach unsere Kirchen, die sich in den letzten fünfzig Jahren weder im Religionsunterricht an den Schulen, noch in Ehe-Vorbereitungs-Seminaren, oder der Jugendarbeit als interessante Vertreter haben durchsetzen können. Sie wurden im Zuge der Wohlstands- und Geiz ist Geil-Gesellschaft leider immer mehr in den Hintergrund gedrängt und sie haben sich das alles, ohne bemerkenswerten Protest, gefallen lassen.

Sie sind aber auch leider nicht mit mehr Einfühlungsvermögen und Motivation durch ihre Vertreter ans Werk gegangen, um diesen Veränderungsprozess in unserer Gesellschaft zu begleiten, oder diesen sogar zu verändern. Die meist starre Haltung der Entscheider innerhalb der Kirche, nicht die persönliche Haltung der Mitglieder, hat es verhindert, dass eine Veränderung der Darstellung stattgefunden hat. Auch ein etwas anderes Verhalten bei der Glaubens- und Wertevermittlung, was parallel zur gesellschaftlichen Veränderung nötig gewesen wäre, ist nicht konsequent durchgesetzt worden. Wenn wir alle als Kirchgänger immer schon gewusst hätten, das Kirche auch Meditation, seine eigenen Ziele und Visionen finden und an sie glauben lernen bedeutet hätte, dass dieser Lernvorgang für uns alle in der Kirche hätte stattfinden können und dass dieses Verhalten durch die Kirche unterstützt, sogar wohlwollend begleitet worden wäre, dann hätten viele Menschen, das ist ziemlich sicher, mit der „Kirche" noch mehr, viel früher und wesentlich intensiver etwas anfangen können. Da sind schon Versäumnisse bei der Darstellung der Kirche und bei der Integration ins Leben der Gemeindemitglieder gemacht worden. Denn alle Menschen, egal welcher Konfession sie angehören, sehnen sich nach innerem Frieden und Erfülltheit.

Die Kirchen mit ihren aktiven Mitgliedern können uns den Weg zum inneren Frieden und zur eigenen Erfülltheit lehren. Wenn dann noch ein Quäntchen spirituelles Marketing dazu käme? Der Kirche würde es helfen. Und somit würde es auch uns helfen. Wir sollten allen unseren kirchlichen Mithelfern eine glückliche Hand und vertrauensvolle Gespräche in den nächsten Jahren wünschen. Wir alle sollten sie mit viel Offenheit, Ehrlichkeit und ganz viel persönlicher Unterstützung begleiten. Aber schwer wird es doch, weil viele Eltern (und um die geht es in unserer Gesellschaft ja überwiegend), den Kontakt zur Kirche aus Desinteresse distanziert haben. Ich finde, dass dieses mehr aus Unwissenheit, oft Naivität oder weil es ja so schön einfach, ja weil

es modern war, passiert ist. Gerade die Kirchen sind in diesem Prozess, in dem zu vermittelnden Geist der Werte und Rituale einer sich verändernden Gesellschaft, absolut wichtig! Eines sollte sich jeder „Mann" deutlich merken: Wer heute glaubt, auf jegliche spirituelle Praxis in seinem Leben verzichten zu können, begeht einen großen Denkfehler! Ein ganz wichtiger Baustein zum eigenen vollkommenen Glück ist der Glaube. Ob christlich, anders, oder „nur" ethisch ist letztlich egal.
Die kirchliche Bewegung kann und wird wahrscheinlich in Zukunft konfessionsübergreifender sein als heute. Sie wird durch die Gemeinden, mit allen Mitgliedern einer Gemeinde geprägt und verändert werden. Es werden in Zukunft sowohl Männer als auch Frauen einen Dienst in der Kirche zum Wohle und zum Erhalt der Gemeinden verrichten. Wir alle, die in einem Ort, einer Gegend wohnen sind „Gemeinde". Wir alle sind auch „Kirche" genau so, wie wir alle „Deutschland" sind!
Schauen wir uns an, was in den nächsten Jahren alles passiert. Jeder ist aufgefordert sich auf seine persönliche, fähige Art einzubringen. Lasst uns noch eine Übung machen, die den Sinn hat das Atmen zu üben, um die Botschaften, die wir uns merken wollen, in unserem Unterbewusstsein speichern zu können.
Übung:
Beginn damit Dich zwei bis drei Minuten auf dich selbst zu konzentrieren. Am Besten im Liegen. Atme nun extrem langsam, aber besonders tief ein und aus. So tief, dass Du Deinen Atem bis unter die Schlüsselbeine nach oben und bis in den Unterbauch nach unten spürst. Wenn Du willst, lege zur Kontrolle je eine Hand auf diese Stellen. Beobachte Dich dabei. Nun versuch mal einige Minuten an nichts anderes zu denken, als an gelbe Wildschweine!

Etwas kurios oder?

Weiterblättern bitte in 5 Minuten!

Du wirst es wahrscheinlich nicht geschafft haben, einige Minuten an so etwas Außergewöhnliches ohne kurze Unterbrechung zu denken. Fast niemand schafft das auf Anhieb. Man könnte sich eine Brücke bauen, indem Du Dich bildlich gesehen in den Wald begibst. Das „dritte Auge", also Dein Geist, kann Dir dabei helfen. Mit den Bildern vom Wald kannst Du Dich leichter an Wildschweine und wie sie sich bewegen erinnern. Kommen wir zu unserer Atmung zurück. Unser Denker, unser Unterbewusstsein bleibt der Sieger, er ist uns immer voraus und lässt eine Denkübung, die einige Minuten dauert, nicht zu. Du verfällst immer wieder in den Trott, abgelenkt und an völlig was anderes erinnert zu werden. Nur mit viel Übung im Meditieren ist das leichter zu schaffen. Die Botschaft, die Du Dir merken willst, hast Du parat. (Beispiel: Ich will bei Gesprächen mit anderen intensiver zuhören, und nicht sofort anderen ins Wort fallen). Wenn Du nun im Liegen intensiv atmest, denke nicht an die Wildschweine, sondern an Deine Botschaft. Sage Dir diese beim Atmen immer wieder auf und verbinde diese Botschaft mit einem Kurzbegriff (Assoziation), den Du vorher dafür erfunden hast. Zum Abschluss ziehe all Deine Muskeln für kurze Zeit, maximal 5 Sekunden, so fest wie Du kannst zusammen und atme dabei ganz tief weiter. Das ist ein Beispiel, wie Atemmeditation erfolgreich für das normale Leben benutzt werden kann und sich Dinge in Dir festsetzen, die Du in Deinem täglichen Leben zur Unterstützung brauchen kannst. Sicherlich in seinen Fassetten wandelbar, aber praktikabel.
Noch eine kleine ergänzende Übung zusätzlich, wo die Konzentration wesentlich leichter fällt. Wenn Du im Stehen diese Übung machst ist das besser. Bedanke Dich bei allen Deinen Körperteilen, die Dir einfallen. Das sie Dir bis jetzt gedient haben. Nimm alle, die Dir einfallen und fang der Einfachheit halber am Kopf an. Selbst wenn Du mehrere Minuten brauchst, bleibt die Konzentration erstaunlicher Weise bei einer solchen Übung fast vollständig erhalten. Gehe ganz in Dein Gefühl. Nebenbei tust Du Dir damit noch was Gutes an. Du findest die Anerkennung für Deinen Körper und die Teile in ihm, die sich sonst den ganzen Tag lang in ihm herumräkeln und nicht und nie Beachtung finden. Eine sicherlich wertvolle und hilfreiche Geste für jeden, der sie macht! Warum eine Übung und warum eigentlich diese Tabellenkalkulation?
Ein Grund ist, sich mit seiner eigenen innerlichen, nicht immer objektiven Einstellung zu beschäftigen. Ich erreiche damit den Effekt, für mich wichtige Elemente schnell reproduzieren zu können und an Dingen die mich beschäf-

tigen dran zu bleiben.
Nur mit diesen Hilfsmitteln und dem „dran bleiben“ bewertet und merkt man sich persönlich Dinge die man im Alltag einfach mitbekommen hat.
Trotzdem wird es nicht so sein, dass man irgendwann den Punkt erreicht hat wo man einen Strich unter seine Tabelle zieht und dann sagen kann, so tickt diese Welt. Diese Tabelle soll wachsen und gedeihen. Es kann ja auch kein „Guru“ der durch diese Welt tingelt von sich behaupten das er überall und ständig „erleuchtet“ ist. Selbst bei diesen Menschen ist es so, dass manchmal ein Feuerwerk an Ideen sich für kurze Zeit auftut und danach ist auch in diesen so besonderen Menschen wieder eine normale Geistigkeit. Das ist auch eine Botschaft an uns alle. Denn durch diese Tabelle beschäftigst Du Dich mit verschiedensten Sachen Deines Lebens und so bleibst Du aktiv für alle Menschen um Dich herum.

Fazit:
Auf dem Wege zum guten Mann!

Lassen Sie uns einige der Maßnahmen oder Ideen in die Tat umsetztten. So könnte dies zahlreichen jungen Menschen helfen, dass sie „Männer" werden könnten. So könnte unsere Gesellschaft endlich auch in der Politik und in der großen Wirtschaft weiter davon profitieren. Gute Männer, zu denen man durch eine gute Einstellung und vorbildliche Handlungsweisen wieder aufschauen könnte, würden zu unseren Leitbildern (nicht zu Idolen denen wir blind folgen). Die Politik, also unsere Gesellschaft muss ihren Rahmen, ihre Bedingungen schaffen, dass die Familie unbedingt mit den fähigen Pädagogen zusammen in den Kreislauf einer positiven Erziehung verpflichtend eingebunden wird! Ich glaube, dass sich Männer heute noch vielfach einfach nur durch ihre Fertigkeiten definieren und zu ihrem Umfeld in Bezug setzen. Sie profilieren sich mit ihrer Geschicklichkeit und ihren eigens entwickelten Fähigkeiten bestimmte Dinge für die Gesellschaft in der sie leben gerne zu tun. Aber wenn wir nicht aufpassen, werden diese individuellen Menschen in unserer schnelllebigen Gesellschaft immer wertloser. Eine Informationsgesellschaft lebt von der individuellen Vielfalt liebevoller, intelligenter und kreativer zupackender Menschen mit Durchhaltevermögen. Diese prägen die Bedingungen. Wir sollten einmal mehr schauen, ob wir ständig gewillt sind, aus fernen Ländern alles dort erlebte und was für uns angeblich als tauglich erklärt wurde, ohne zu hinterfragen einfach zu übernehmen. Ich habe vorhin bei der Meditationserklärung gesagt, es gibt keine Vergangenheit. Alles was stattgefunden hat ist Geschichte. Das muss uns nicht mehr stören und schwächen. Wenn wir keine Energie dazu geben, kann das an uns vorbeiziehen. Für die Meditation in der wir persönlich erlebtes Negatives aus unserem eigenen Programm streichen wollen ist das auch in Ordnung. Aber, es hat auch in der Vergangenheit „Pfadfinder" gegeben die uns mit ihrem Wissen und ihren Erfindungen und ihrer Spiritualität zu der Wissensgesellschaft gemacht haben in der wir heute leben. Die Botschaften und Lehren dieser vorbildlichen Menschen sollten wir erst einmal alle kennen, würdigen und schätzen lernen und sie zum Wohle unserer und der späteren, wachsenden Gesellschaft und der Werteveränderung nutzen.
Wir alle sollten dafür sorgen, dass das Männerbild sich in unserer Gesellschaft wieder wandelt. Bei einigen Männern sieht es bis jetzt so aus, als würde sich dieser Wunsch nicht sofort erfüllen lassen. Sie sitzen am Computer, müssen gut aussehen, gut riechen, gut drauf sein und jederzeit voll funktionieren.

Sie starren den ganzen Tag auf ihren Bildschirm, reagieren hektisch auf jedes Fax, SMS oder auf jede E-Mail und sind in einem festen Arbeitsablauf integriert und voll reglementiert. Und glauben Sie mir bitte, ich weiß verdammt gut wovon ich spreche! Dass hat in manchen Firmen und Verwaltungen erschreckende Ausmaße angenommen. Nur was passiert mit dem freien Geist, der Psyche und dem Entwicklungspotential solcher Menschen auf Dauer? Was passiert mit der nächsten Generation werdender Männer, die noch nie von Zuhause abgehauen sind, noch nie auf einen Baum geklettert, nie eine Hütte im Wald gebaut haben und für die der Strom nur aus der Steckdose kommt? Wenn es so etwas wie eine „männliche Seele", einen Zufriedenheitsbarometer in uns geben sollte, dann stellen wir uns nur die grauenhaften Auswirkungen auf das zukünftige Verhalten von werdenden „Männern" vor, wenn wir alle nichts unternehmen.
Ich wünsche Ihnen für Ihre persönliche Zukunft ein glückliches und erfülltes Leben und keine Phantasiedrachen, die Ihnen auf Ihrem Pfad des Lebens im Weg stehen. Eine Menge an Zivilcourage und nie einen dicken Hals. Spüren Sie Ihre Lebendigkeit und trauen Sie sich diese zu leben! Und ich wünsche Ihnen einen großen Spiegel. Wenn Sie hinein schauen freuen Sie sich an dem was Sie da sehen und teilen Sie allen anderen Menschen mit, Sie hätten gerade eine freundliche, lächelnde und zuversichtlich aussehende Entdeckung gemacht. Und wenn Sie als „Mann" einmal einige Schritte zurückgehen, dann bitte nur um Anlauf für eine neue „gute Veränderung" auf dem Pfad Ihres Leben zu nehmen!

Detlef Springob

Wir alle sollten
dafür sorgen
dass das Männerbild
sich in unserer
Gesellschaft wieder
wandelt